Rhea Powers: Von Herz zu Herz
© J. Kamphausen Verlag &
Distribution GmbH, Bielefeld 2007
info@j-kamphausen.de
www.weltinnenraum.de
Projektkoordination:
Marianne Nentwig

Lektorat: Christian Salvesen
Umschlag-Gestaltung:
Shivananda Heinz Ackermann
Typografie/Satz:
Wilfried Klei
Druck & Verarbeitung:
Westermann Druck Zwickau

1. Auflage 2007
Die Deutsche Bibliothek – CIP-Einheitsaufnahme

Ein Titelsatz für diese Publikation
ist bei der Deutschen Bibliothek erhältlich

ISBN 978-3-89901-078-7

Dieses Buch wurde auf 100% Altpapier gedruckt und ist alterungsbeständig.
Weitere Informationen hierzu finden Sie unter www.weltinnenraum.de

Rhea Powers

Von Herz zu Herz

90 hilfreiche Lektionen zur Heilung von Beziehungen

Übersetzt und bearbeitet
von Christine Bolam

Für unsere wunderbaren Enkel,
die mir so viel über das Leben zeigen:
Sophia Valentina Arce, Chloe Giselle Wetzler
Natasha Kate Arce, Maxwell Henry Arce
Wyatt Alexander Wetzler, Ellery Rose Wetzler

Und für Rodrigo Arce, in liebevoller Erinnerung

VII. SEHEN, WAS NICHT DA IST

VIII. SELBSTBILDER

IX. SICH SELBST ERKENNEN

Wer nach außen schaut, träumt;

wer nach innen schaut, erwacht.

C. G. Jung

Die größte Entdeckung meiner Generation ist die,

dass ein Mensch sein Leben verändern kann,

indem er seine Einstellung verändert.

William James

EINFÜHRUNG

Unser Leben besteht aus Beziehungen: Wir stehen mit allem und jedem in Beziehung. Durch unsere Beziehungen entdecken wir, wer wir sind.

Dieses Buch basiert auf dem Verständnis, dass unser Herz irgendwann auf unserer Lebensreise eng geworden ist. Vielleicht sind wir verletzt worden. Vielleicht waren wir wütend. Vielleicht waren wir enttäuscht. Wie immer unsere Lebensgeschichte aussehen mag – jeder von uns hat sein Herz mehr oder weniger verschlossen.

Wir stehen in Beziehung zur Welt, zu den Anderen, zu uns selbst, zu unserem Körper und zum Göttlichen. All unsere Beziehungen sind Herzensdinge. Ist unser Herz – in welchem Maße auch immer – verschlossen, spiegelt sich das in unseren Beziehungen.

Wenn wir einen natürlichen Anteil unserer selbst verschließen, ziehen wir uns zusammen. Jede Form der Kontraktion braucht Energie. Öffne deine Hand und bilde dann langsam eine Faust. Du wirst spüren, wie sich die Muskeln deiner Hand zusammenziehen. Wie viel Kraft musst du aufwenden, um deine Faust geschlossen zu halten? Nach einer Weile wirst du unweigerlich merken, wie ermüdend das ist. Die Kontraktion braucht Energie. Sie braucht auch Aufmerksamkeit: Es wäre schwierig, sich auf etwas anderes zu konzentrieren, während du deine Hand zur Faust ballst. Ein zusammengezogenes Herz führt zu einer Kontraktion, die nicht natürlich für unsere Seele ist.

Wie sehr wir unsere Eltern auch liebten – sie hatten ihre Prägungen, Verletzungen und Enttäuschungen. Auch ihre Eltern waren von ihrem frühen Umfeld geprägt, sowie von den Menschen in ihrem Leben, die ebenfalls Schmerzen und Kontraktionen erlitten hatten. Wir finden nur selten einen Menschen, dessen Herz immer offen, spontan und liebevoll ist. Wie sehr deine Eltern dich auch geliebt oder sich bemüht haben, gute Eltern zu sein – ihre Sicht von der Liebe und den Möglichkeiten eines Menschen hat einen Abdruck auf deiner jungen Seele hinterlassen und deine Beziehung zu der Welt, den anderen und dir selbst geprägt.

Wenn wir die wahren Möglichkeiten unserer unvergleichlichen Seele in ihrer derzeitigen menschlichen Manifestation entdecken wollen, ist es hilfreich, unsere unbewussten Konditionierungen aus der Vergangenheit zu untersuchen. Wenn unsere Beziehungen zu den Menschen in unserem Umfeld auf unserer Einzigartigkeit basieren sollen und wir wissen wollen, wer wir wirklich sind, müssen wir uns darum bemühen, unsere Seele von den Prägungen der Vergangenheit zu befreien. Das ist die Absicht dieses Buches.

Mit seiner Hilfe können wir die Kontraktionen, die unser Herz verschlossen halten, untersuchen, in Frage stellen und auflösen. Dieses Buch ist ein Arbeitsbuch. Wir müssen etwas dafür tun, uns die inneren unbewussten Strukturen bewusst zu machen. Die ehrliche Erforschung unserer Egostrukturen ist nicht unbedingt aufbauend für das Ego. Sobald wir unsere unbewussten Strukturen jedoch ans Bewusstsein bringen, neigen sie dazu, sich aufzulösen. Frieden und Freiheit können sich ausbreiten.

Es liegt im Wesen unseres Herzens zu lieben. Es ist natürlich für unser Herz, die Liebe zu erfahren und auszudrücken, die Teil unseres wahren Wesens ist. Wir haben unser Herz begrenzt, ohne es zu wissen. Dieses Arbeitsbuch bietet dir ein systematisches Programm zur Auflösung deiner Begrenzungen, damit dein Herz sich entfalten kann.

Wenn du die Übungen in diesem Buch durcharbeitest, kannst du viele verschiedene Dinge erfahren. Du machst einen Prozess durch. Das ist nicht immer einfach. Gehe deshalb sanft mit dir um. Sei dir des inneren Kritikers gewahr. Jeder von uns hat seine Muster und seine Grenzen. Das ist kein Makel, sondern Teil unseres Menschseins. Im Verlauf dieses Buches werden wir uns die Muster einfach ins Bewusstsein rufen, damit wir uns ihrer gewahr werden und sie ihre Macht verlieren.

Manche Betrachtungen und Übungen werden dich mehr ansprechen, andere weniger. Gehe sie trotzdem alle durch. Wenn du mehr als einen Tag für irgendeine Betrachtung brauchst, nimm dir soviel Zeit, wie nötig. Nimm die jeweilige Betrachtung mit in deinen Tagesablauf, damit sie von selbst wirken kann.

Du wirst merken, dass ich dieselben Dinge auf viele verschiedene Arten anspreche. Ich werde versuchen, dieselben Themen aus so vielen Richtungen wie möglich zu betrachten, damit jedes Mal eine andere Facette deines Unbewussten ins Bewusstsein treten kann.

Besorge dir ein Tagebuch, das dir gefällt, und benutze es für alle Übungen. Wenn du deinen Entwicklungsprozess schriftlich festhältst, machst du ihn greifbarer und realer. Das hilft dir, die Identifikation mit den unbewussten Inhalten, die du erforschst, zu brechen.

Viel Freude beim Forschen. Sei sanft mit dir selbst und genieße die Reise in dein Inneres.

I.

LIEBE UND IDENTIFIKATION

Du bist Liebe

Die Betrachtung

Liebe ist ein natürlicher Teil dessen, wer wir sind. Sie ist ein Aspekt unseres wahren Wesens. Sie ist Teil unseres Menschseins.

In diesem Arbeitsbuch werden wir die Muster unserer Persönlichkeit oder unseres Egos erforschen – und hoffentlich auflösen – die uns davon abhalten, jenen Aspekt unserer Ganzheit zu leben und auszudrücken, den wir Liebe nennen.

Im Laufe der Zeit hat jeder von uns begonnen, sich mit seiner Persönlichkeit oder seinem Ego zu identifizieren. Wir halten es für den, der wir sind. Nach und nach identifizieren wir uns mit unserer Lebensgeschichte, unserer Ausbildung, unseren Vorstellungen, Gefühlen, Meinungen und Einstellungen, unserer ethnischen und geschlechtlichen Zugehörigkeit, unserer Nationalität, unserer Rolle in der Familie und der Gesellschaft, unserem Beruf und vielen anderen Anteilen unseres Lebens. Diese Dinge sind zwar allesamt Aspekte unseres Erlebens, sie bestimmen jedoch nicht, wer wir in der Tiefe wirklich sind.

Irgendwo tief in unserem Innersten wissen wir alle, dass wir mehr sind, als wir normalerweise glauben. Wir wissen, dass wir mehr sind als unsere Gedanken. In der Tiefe unseres Herzens wissen wir, dass es im Zentrum unseres Wesen etwas Herrliches, Überwältigendes gibt.

Dieses Arbeitsbuch soll uns helfen, unsere Identifikation mit dem, was wir *nicht* sind, loszulassen und Raum zu schaffen, damit sich das, was wir wirklich sind, in unserem täglichen Leben entfalten kann. Unsere Identifikation mit unserem Ego und unserer Lebensgeschichte hat uns veranlasst, unser Herz mehr oder weniger vor der Liebe zu verschließen, obwohl sie ein natürlicher Anteil unseres Wesens ist. Es ist natürlich für unser Herz, zu lieben und geliebt zu werden. Unser Ego hingegen fürchtet sich nur davor, verletzt zu werden.

Wenn uns unsere Glaubensmuster aus der Vergangenheit bewusst werden, lösen sie sich von selbst auf. Sie lösen sich auf, weil sie letzten Endes nicht real sind und daher auch keine echte Substanz besitzen. Doch solange die falschen Vorstellungen und die Glaubensmuster unbewusst bleiben, bestimmen sie unser Leben.

Die Übung

Die heutige Übung ist leicht: Schau dir deine Vorstellungen von der Liebe an! Was sind deine Erfahrungen mit der Liebe? Was für einen Platz hat die Liebe in deinem Leben? Öffne dich für die Vorstellung, dass du dein Herz genauer erforschen wirst.

Wir brauchen Mitgefühl

Die Betrachtung

Bevor wir erforschen, wer wir *nicht* sind, wollen wir einige Aspekte dessen betrachten, wer wir *sind*. Wie schon angemerkt, ist die Liebe ein natürlicher Teil unserer Ganzheit. Sie ist Teil unseres essenziellen Selbst. Unser essenzielles Selbst ist der Anteil in uns, der nicht von der Vergangenheit geprägt wird. Es ist eine Manifestation dessen, was wir in diesem Buch als unsere wahre Natur oder unser wahres Wesen bezeichnen.

Unsere wahre Natur spiegelt die Eigenschaften des Göttlichen. Das ist so, weil wir letztlich eine Manifestation des Göttlichen in menschlicher Form sind. Weitere Aspekte unserer wahren Natur neben der Liebe sind: Stärke, Willenskraft, Freude, Macht, Frieden, Klarheit und die Fähigkeit, die Wahrheit zu erkennen. Doch der wichtigste Aspekt für die Arbeit, mit der wir hier beginnen, ist die Qualität des Mitgefühls.

Es kann manchmal schwierig sein, sich die Dinge anzuschauen, zu denen die Übungen dich führen. Wenn du den Ursprung einiger Muster siehst, die dein Herz an der Entfaltung gehindert haben, kann das wehtun. Deine Persönlichkeitsstrukturen lassen sich nicht gerne erforschen und ans Licht bringen. Dein innerer Kritiker könnte einiges zu deiner Arbeit an dir selbst zu sagen haben. Es kann Mut und Klarheit erfordern, die Themen dieses Buches durchzuarbeiten. Aber mehr als alles andere braucht es Mitgefühl – Mitgefühl mit dir selbst, Mitgefühl für die Lebensreise des Menschen.

Wir müssen Mitgefühl mit uns haben, mit unseren Mustern, unserem Prozess, unserer Unbewusstheit und einfach damit, dass wir Menschen sind. Jeder hat eine Persönlichkeit. Jeder trägt Muster aus der Vergangenheit mit sich herum. Jeder inszeniert diese Muster – jeden Tag aufs Neue.

Doch nicht jeder macht sich bewusst auf den Weg, seine Persönlichkeitsmuster hinter sich zu lassen. Nicht jeder versucht, zu der Wahrheit dessen zu erwachen, was er oder sie ist. Nicht jeder lässt sich darauf ein, die Begrenzungen zu durchschauen, die er seinem Herzen auferlegt hat. Du gehst auf eine Heldenreise. Lass sie von Mitgefühl mit dir selbst geleitet sein.

Die Übung

Nimm dein Tagebuch zur Hand und schreibe mindestens fünf Momente aus deinem Leben auf, in denen du dir selbst deine Liebe und dein Mitgefühl geschenkt hast. Du weißt, wie es geht!

Unser Selbstbild

Die Betrachtung

Die Menschen können ziemlich töricht sein. Wir wollen unser Herz entwickeln und öffnen, vielleicht sogar unser Leben verändern. Doch gleichzeitig hängen wir an der Vergangenheit. Unsere Vorstellungen davon, wer wir sind, können uns daran hindern, unser Herz zu spüren. Bei der Arbeit mit diesem Buch wirst du sehen, dass du ein inneres Bild dessen entwickelt hast, wer du bist.

Wenn etwas oder jemand nicht in dein Selbstbild passt, wirst du die Beziehung zu demjenigen unbewusst sabotieren oder die Gelegenheiten verstreichen lassen, die dass Leben dir schenkt. Dein Selbstbild beinhaltet vielleicht die unbewusste Vorstellung, du seiest nicht liebenswert. Wenn du das glaubst und jemand kommt in dein Leben, der dich wirklich lieben will, handelst du vielleicht auf eine Art und Weise, mit der du diese Liebe von dir wegstößt. Dann kannst du deine Identität aufrechterhalten und dein unbewusster Glaube bleibt unangetastet, während du die Liebe verlierst, die du dir eigentlich wünschst. Die unbewusste Vorstellung verschließt dein Herz.

Wir müssen die Selbstbilder loslassen, die im Widerspruch zu dem stehen, was wir wirklich wollen. Solche Selbstbilder sind wie die Software, die ursprünglich mit unserem Computer geliefert wird. Unsere Persönlichkeitsstrukturen sind so früh entstanden, dass es scheint, als wären sie immer da gewesen. Wir wissen nicht, dass wir die Software aktualisieren können. Wir wissen nicht, dass es andere Software gibt. Die Erkenntnis, dass unsere Freunde eine andere Sicht vom Leben haben als wir selbst, kann ein ziemlicher Schock sein. Ihr mentaler Computer läuft mit einer anderen Software.

3

Wenn wir die Software in unserem Computer auswechseln wollen, müssen wir zuerst herausfinden, welche Programme überhaupt vorhanden sind. Das heißt, wir müssen eine Weile herumsuchen. Wir wissen, dass wir manche alten Programme löschen müssen, bevor wir neue installieren können, weil ihre Software möglicherweise nicht kompatibel ist.

Die Übung

Denke an einen Bereich in deinen Beziehungen, den du gerne verändern würdest. Nimm dir etwas Zeit und schau, ob du die Themen herausfiltern kannst, um die es dabei geht. Dann verfolge die Geschichte dieser Beziehungsthemen. Mit welchen Ereignissen in der Kindheit könnten sie etwas zu tun haben? Wenn du das alte Muster loslassen würdest, was müsstest du außerdem loslassen? Nutze dein Tagebuch!

Widerstand ist natürlich

Die Betrachtung

In den nächsten Kapiteln beschäftigen wir uns mit dem sensiblen Prozess der inneren Lösung von der Mutter, sowie mit unseren Selbstbildern, die auf der Beziehung zur Mutter beruhen. Wenn unsere Mutter eine bestimmte Vorstellung von uns hatte oder ihr Verhalten uns ein Gefühl dafür vermittelte, wer wir anscheinend waren und was uns zustand (und was nicht), dann fällt es den kindlichen Anteilen in unserer Psyche schwer, dieses alte Selbstbild loszulassen. Es kommt uns vor, als ließen wir unsere Mutter los. Wir wehren uns gegen den Prozess.

Die Ego- oder Persönlichkeitsstrukturen, die sich in der Beziehung zu unserer Mutter entwickelt haben, fühlen sich bedroht, wenn wir ihren gegenwärtigen Nutzen in Frage stellen. Wenn wir uns dieser sehr früh entwickelten Strukturen bewusst werden, kann es uns vorkommen, als verlören wir unser Gefühl dafür, wer wir sind. Wir haben uns mit den Strukturen identifiziert. Wenn wir uns den Ursprung unserer jetzigen Verhaltensmuster und Selbstbilder vergegenwärtigen, haben wir also nicht nur das Gefühl, unsere Mutter zu verlieren – wir glauben gleichzeitig, denjenigen zu verlieren, für den wir uns gehalten haben. Das stimmt auch. Wir haben uns mit den Strukturen identifiziert, die sich in Reaktion auf unser frühes Umfeld und die Menschen in diesem Umfeld gebildet haben. Doch das ist nicht wer wir wirklich sind. Wir sind viel mehr als das.

Wenn wir beginnen, aus diesem ahnungslosen Missverständnis aufzuwachen, verlieren die alten Strukturen ihre Stabilität. In solchen Momenten können wir uns selbst instabil vorkommen, einfach, weil wir uns mit den Strukturen identifiziert haben.

4

Die alten Griechen waren so weise, über den Eingang des Tempels in Delphi zu schreiben: „Erkenne dich selbst". Damit meinten sie nicht die Persönlichkeitsstrukturen. Es ging vielmehr darum, das wahre Wesen des Menschen zu erkennen. Unser wahres Wesen ist nicht in Reaktion auf unser frühes Umfeld entstanden – unsere frühen Konditionierungen spiegeln nicht die Wahrheit dessen, wer wir wirklich sind. In Wirklichkeit sind wir Manifestationen des Göttlichen in menschlicher Form.

Die Übung

Während du dieses Buch durcharbeitest, achte darauf, wie deine Widerstände an die Oberfläche treten. Was ist bis jetzt geschehen? Wenn wir unsere Widerstände als das durchschauen, was sie sind, müssen sie unseren Weg in die Freiheit nicht länger blockieren. Schreibe deine Erkenntnisse in dein Tagebuch.

Affirmationen

Die Betrachtung

Schauen wir uns doch einmal an, wie wir mit diesem Buch arbeiten werden. Wer mit Affirmationen arbeitet, wird bemerken, dass wir das hier nicht tun. Affirmationen sind eine Weiterentwicklung des so genannten positiven Denkens. Eine Affirmation ist eine positive Aussage über etwas, das wir uns wünschen oder gerne an uns verändern würden. Ein Beispiel für eine Affirmation könnte lauten: „Ich bin liebenswert." Der Gedanke ist, dass man die Affirmation nur oft genug wiederholen muss, um die Programmierung im Unbewussten zu verändern. Das ist auch teilweise richtig. Wenn man allerdings schon glaubt, *nicht* liebenswert zu sein, kann man den gegenteiligen Gedanken nicht einfach über die alte Programmierung in seinem mentalen Computer projizieren. Der Rechner kommt damit nicht klar.

Das Formulieren einer Affirmation kann dir helfen zu erkennen, was du dir in deinem Leben wünschst und wo du Strukturen in dir trägst, die dich daran hindern, das Gewünschte zu erreichen. Zum Beispiel willst du vielleicht geliebt werden, merkst aber, dass du ein Muster in dir trägst, das dich daran hindert, für Beziehungen offen zu sein. Nach einigen inneren Erforschungen erkennst du, dass du nicht offen bist, weil du glaubst, nicht liebenswert zu sein – früher oder später wird der andere deine Macken entdecken und dich verlassen. Du hast Angst vor dem Schmerz, der entstehen würde, wenn der andere geht, und du schützt dich vor der imaginären Verletzung, indem du dich von vornherein allen Freundschaften oder Liebesbeziehungen verschließt.

Indem du entdeckst, was du in dir verändern möchtest, setzt du den Veränderungsprozess schon in Gang. Du filterst die Software heraus, die du ersetzen willst. An diesem Punkt kann es hilfreich sein, eine Affirmation zu formulieren. Sie weckt dein Unbewusstes quasi auf. Das ist, als fordertest du dein Unbewusstes auf, sich auf das betreffende Gebiet zu konzentrieren. Einfach indem du dein Bewusstsein auf ein bestimmtes Muster richtest, beginnt es sich aufzulösen. Doch wie wir sehen werden, gehört mehr dazu, ein Muster aufzulösen, als einfach eine positive Aussage über eine tief verankerte Identität, ein Selbstbild, zu projizieren.

Die Übung

Die heutige Übung besteht darin, eine Affirmation zu formulieren. Beobachte, wie es dir dabei geht. Achte einfach darauf, was in dir geschieht. Achte auf deine Körperempfindungen. Achte auf irgendwelche Gefühle, die in dir auftauchen, während du die Affirmation wiederholst.

Den inneren Computer neu programmieren

Die Betrachtung

Lass uns weiterhin das Bild eines Computers für deine innere Software verwenden. Wenn du die Affirmation formuliert hast, dass du liebenswert bist, musst du zunächst das alte Programm – nicht liebenswert zu sein – löschen, bevor das neue Programm funktionsfähig ist. Es reicht nicht, einfach nur die Affirmation zu wiederholen. Du musst zuerst das alte Programm finden und es dir so genau wie möglich bewusst machen. Das erreichst du zum Beispiel, indem du dir die Entstehungsgeschichte des Programms genauer anschaust. Das ist es, was wir in diesem Buch tun.

Manchmal hat man es satt, immer wieder zu seinen Kindheitsverletzungen zurückzugehen, um gegenwärtige Schwierigkeiten zu lösen: „Oh nein, nicht schon wieder!" Wir haben keine Lust, die alten Geschichten aus der Kindheit zum x-ten Mal aufzuwärmen. Doch das ist der Punkt, an dem alles begonnen hat. Unsere Persönlichkeit wurde in den ersten fünf Lebensjahren gebildet. Wenn wir die alten Persönlichkeitsprogramme mit der Wurzel ausreißen wollen, müssen wir an die Stelle zurückgehen, an der sie zuerst in unseren Computer eingegeben wurden.

Weil die Strukturen unserer Persönlichkeit letzen Endes unecht sind, beginnen sie sich aufzulösen, sobald wir sie uns bewusst machen. Sie sind unecht, weil unsere Persönlichkeit nicht das ist, was wir *wirklich* sind. Doch wir haben uns alle mit unserer Persönlichkeit identifiziert. Und weil wir uns mit unserer Persönlichkeit identifiziert haben, ist uns die Erfahrung abhanden gekommen, dass unser wahres Wesen eine Manifestation des Göttlichen in menschlicher Form ist.

Die Übung

Du kannst eine Affirmation nutzen, um all die Widerstände gegen eine Veränderung deiner alten Strukturen an die Oberfläche zu bringen. Wenn du zum Beispiel sagst: „Ich bin liebenswert" bemerkst du vielleicht den Gedanken „ach, Quatsch, ich bin gar nicht liebenswert!" Das kann dir helfen, die ursprüngliche Programmierung aufzudecken. Es wird sie jedoch nicht löschen.

Finde eine weitere Struktur in deiner Persönlichkeit, die du gerne verändern würdest. Vielleicht kannst du einen weiteren Glaubenssatz ausmachen, der zu einem Teil deines Selbstbildes geworden ist – zum Beispiel die Idee: „Ich kann überhaupt nichts richtig machen." Formuliere den Glauben zuerst negativ, wie im obigen Beispiel. Dann finde die entsprechende positive Aussage oder Affirmation. Beobachte, wie es sich anfühlt, wenn du die negative und dann die positive Aussage wiederholst. Beobachte, ob dein innerer Kritiker zu den beiden Aussagen etwas zu sagen hat.

An Mamas Schürzenbändel

Die Betrachtung

Wie wir gesehen haben, sind Affirmationen letzten Endes nicht brauchbar, um unsere Egostrukturen zu verändern. Sie können jedoch klären, was wir uns für unser Leben wirklich wünschen und uns bewusst machen, welche Widerstände wir den jeweiligen Veränderungen entgegensetzen.

Es reicht nicht, den Gedanken „ich bin nicht liebenswert" durch den Gedanken „ich bin liebenswert" zu ersetzen, um unser Selbstbild und die unbewussten Verhaltensmuster, die auf ihm basieren, zu verändern. Wir müssen tiefer forschen.

Warum wehren wir uns dagegen, den Glauben, nicht liebenswert zu sein, aufzugeben? Da muss es schon einen ziemlich guten Grund geben – und den gibt es auch: Unsere Mutter. Wenn unser Selbstbild, nicht liebenswert zu sein, auf unserer frühen Beziehung zur Mutter basiert, dann bedroht die Aufgabe dieser Identität die kindlichen Anteile in unserer Psyche. Das Kind in uns hat das Gefühl, die Mutter zu verlieren, und das wird es nicht zulassen. Es kommt ihm vor, als müsse es sterben. Der Verlust der Mutter, von der das Kind vollkommen abhängig war, um zu überleben, fühlt sich an wie der Tod. Da ist es doch besser, einfach nur unliebenswert zu sein.

Wenn du als Kind – warum auch immer – das Gefühl hattest, von deiner Mutter nicht geliebt zu werden, und deshalb glaubtest, nicht liebenswert zu sein, und wenn du die Identität „ich bin nicht liebenswert" in dein Selbstbild integriert hast, dann fällt es den jungen Anteilen deiner Psyche schwer, diese Identität loszulassen und sich der Liebe zu öffnen. Du wirst nicht nur das Gefühl haben, ein Teil von dir könnte sterben (und diese alte Identität *muss* sterben, damit du dich für die Liebe öffnen kannst), sondern auch, dass du deine Mutter ins

Unrecht setzt. Du hast gespürt, dass sie dich nicht liebte, während du sie (wie alle Kinder) grenzenlos liebtest, und um ihr Recht zu geben, hast du eine Identität angenommen, die besagt, dass du nicht liebenswert bist. Die Mutter muss immer Recht haben. Unser Leben lag in ihren Händen, also musste sie auch im Recht sein.

Die Übung

Schau dir einige deiner Selbstbilder an: Beziehen sie sich in irgendeiner Weise auf deine Mutter? Erforsche diese Frage mit Hilfe deines Tagebuchs.

Drei Erfahrungszentren

Die Betrachtung

Affirmationen finden – wie das positive Denken – nur im Kopf statt. Doch wir sind mehr als nur der Kopf. Wir besitzen drei Erfahrungszentren: Den Kopf, das Herz und den Bauch. Der Kopf ist unser intellektuelles Zentrum, das Herz der Sitz der Emotionen und der Bauch hat mit unseren Körperempfindungen zu tun. Unser Erleben basiert normalerweise auf allen drei Zentren. Die Strukturen unseres Egos und die Überzeugungen, von denen diese Strukturen zusammengehalten werden, beziehen alle drei Erfahrungszentren mit ein.

Wir müssen die Strukturen unserer Psyche nicht verstehen, aber es reicht auch nicht, über ein Muster nur nachzudenken, um es zu verändern. Die Erkenntnisse und das Wissen unseres mentalen Zentrums sind *ein* Schlüssel zur Auflösung von Mustern, die ins Unbewusste verbannt wurden, aber wir müssen auch die dazugehörigen Gefühle und Körperempfindungen erleben.

Auch das Wiedererleben der Gefühle, die mit einem Muster einhergehen, muss nicht unbedingt zu Veränderungen führen. In den Therapiebewegungen der 1970er wurde viel Wert darauf gelegt, seine Emotionen an einem unschuldigen Kissen auszulassen. Das mag zur emotionalen Entladung getaugt haben, führt aber nicht zur Transformation.

Die Übung

Du musst dir etwas Zeit nehmen, um diese Übung voll auszuschöpfen. Schau dir eines der Muster an, die dich besetzt halten. Schreibe es in dein Tagebuch.

Fühle so tief wie möglich in das Muster hinein und schau, ob du an seiner Wurzel die dazugehörigen Gefühle aufspüren kannst. Tränen können kommen. Wut kann auftauchen. Hass kann erscheinen.

Achte auch auf alle Körperempfindungen, die mit dem Muster einhergehen. Vielleicht wird das Atmen schwer oder du verspürst plötzlich eine Anspannung im Nacken. Lass die Gefühle und Empfindungen einfach zu, während du die Ursprünge und die Dynamik des Musters erforschst. Neben den emotionalen Komponenten des Musters musst du auch seine Dynamik verstehen. Versuche bei allen Übungen dieses Buches deine drei Zentren mitschwingen zu lassen.

Deine erste Liebe

Die Betrachtung

Unsere erste Beziehung ist die zu unserer Mutter. Diese Primärbeziehung prägt unsere Seele und beeinflusst somit alle weiteren Beziehungen in unserem Leben. Bei Kindern, die nicht von ihrer biologischen Mutter aufgezogen werden, wird die Entwicklung am stärksten von ihrer jeweiligen Bezugsperson geprägt. Doch auch die Embryonalzeit im Mutterleib hinterlässt ihre Spuren.

Die Psychologie hat die verschiedenen Entwicklungsstadien des Menschen definiert – Stadien, die jeder von uns durchlaufen muss, um eine stabile Basis für seine Persönlichkeit zu entwickeln. Wir brauchen eine stabile Persönlichkeit, um uns weiterentwickeln zu können. Und in den Frühstadien unserer Ich-Entwicklung ist die Mutter von zentraler Wichtigkeit.

Zum Zeitpunkt unserer Geburt befinden wir uns in einem Zustand der dualen Einheit mit unserer Mutter. Selbst wenn sich das Baby nach der Geburt nicht mehr im Mutterleib befindet, erfährt es sich noch nicht als getrennt. Diese in der Psychologie als Symbiose bezeichnete Phase umfasst die ersten drei bis sechs Monate unseres Lebens. Wird die Phase der Symbiose durch Krankheit oder Verlust unterbrochen, dann beeinflusst das unsere Fähigkeit, in späteren Beziehungen entspannt zu sein und zu vertrauen. Es kann sein, dass wir ein Leben lang versuchen, die Symbiose wiederherzustellen.

Bei unserer Geburt sind wir eine Verkörperung der wahren Natur. Das ist auch der Grund, warum sich die meisten Menschen von Babys so angezogen fühlen wie von einem Feuer, das ihr Herz erwärmen kann. Wir sind Form gewordene Liebe.

Wenn unsere liebende Gegenwart den Schmerz zum Schwingen bringt, den die Mutter in Bezug auf die Liebe in sich trägt, kann sie sich emotional von uns zurückziehen, um das schmerzhafte Gefühl zu vermeiden. Das kann dazu führen, dass wir unsere Liebe für etwas Falsches halten.

Die Übung

Welche Mosaiksteine aus diesem frühen Stadium deines Lebens kannst du zusammenbringen? Vielleicht kannst du dich nicht selbst an die Zeit erinnern, aber in der Familie wird sicher einiges erzählt. Vielleicht weißt du auch noch, wie deine Mutter mit deinen jüngeren Geschwistern umgegangen ist oder wie sie sich jetzt verhält, und kannst daraus ableiten, wie sie dich in deinen ersten Lebensjahren behandelt hat.

Schreibe die Geschichte deines ersten Lebensjahres in dein Tagebuch.

II.

DIE MUTTER

Am Anfang war die Mutter

Die Betrachtung

Jede Mutter geht mit der Verschmelzungserfahrung mit ihrem Kind anders um. Mit Verschmelzung meine ich den Zustand der dualen Einheit, der im glücklichsten Fall zwischen der Mutter und dem Kind während der Phase der so genannten Symbiose besteht. Beide haben das Gefühl, sich ineinander aufzulösen und ihre Grenzen zu verlieren. Das ist der Inbegriff der Einswerdung zweier Menschen.

Manche Mütter lieben diese Lebensphase mit ihren Kindern. Sie können sogar ein Kind nach dem anderen in die Welt setzen, nur um die beglückende Erfahrung der Einheit immer wieder herzustellen. Solche Mütter sagen, sie wollen wieder ein Baby um sich haben, nur, um es im Arm halten zu können. Manche dieser Mütter haben die Verschmelzung mit ihrer eigenen Mutter vielleicht nicht auskosten können, als sie klein waren, und versuchen jetzt, sich ihr frühes Bedürfnis nachträglich durch die Verschmelzung mit ihrem Kind zu erfüllen.

Andere Mütter beunruhigt die Vorstellung, mit einem anderen Menschen – sogar ihrem Kind – zu verschmelzen. Sie müssen ihre eigenen Grenzen aufrecht erhalten und haben Schwierigkeiten, sich dem Feld der Einheit zu öffnen, das kleine Kinder aus dem Formlosen mitbringen. Auch eine solche Mutter kann Kindheitswunden in sich tragen, die durch die Liebe in der Verschmelzung aktiviert werden. Vielleicht musste sie gegenüber der Mutter ihre Eigenständigkeit behaupten und fühlt sich durch jeden Grenzverlust bedroht. All unsere Mütter haben ihre eigene Geschichte.

10

Die Übung

Mit der letzten Übung als Grundlage, wirf einen intuitiven Blick auf die Art und Weise, wie deine Mutter mit dem Verschmelzungsthema umgegangen sein könnte. Indem du beobachtest, wie deine Mutter mit deinen jüngeren Geschwistern umgeht oder sich heute dir gegenüber verhält, kannst du darauf schließen, wie sie dich als Neugeborenes behandelt hat. Ziehe auch die Umstände in Betracht, die während deiner ersten Lebensmonate herrschten: Hat deine Mutter gearbeitet? War sie gesund? Was musste sie sonst noch leisten und erledigen?

Schreibe deine Beobachtungen in dein Tagebuch.

Die Bindung zwischen Mutter und Kind

Die Betrachtung

Neuere Untersuchungen zeigen, dass ein Baby den Zustand der dualen Einheit mit der Mutter oder dem jeweiligen Versorger voll und ganz erfahren muss, um ein inneres Gefühl der Sicherheit zu entwickeln. Das Baby muss sich gehalten fühlen. Damit meine ich nicht das körperliche Gehaltensein auf dem Arm der Mutter, obwohl es dazugehört. Aber wir müssen uns auch in unserem Umfeld gehalten und sicher fühlen. Dieser Halt, dieses Gefühl, sicher zu sein, kommt zuerst von der Mutter. Später kann das Kind auch das Gefühl entwickeln, vom Leben, vom Universum, von Gott gehalten zu werden.

Die frühe Erfahrung, von der Mutter gehalten zu werden, vermittelt dem sich entwickelnden Individuum das Erleben von Urvertrauen in das Universum oder in Gott. Ob wir uns in unserem Leben gehalten fühlen oder nicht, zeitigt Auswirkungen in allen Bereichen der menschlichen Erfahrung. Es wirkt sich nicht nur auf die romantische Liebe aus, beeinflusst aber natürlich unsere Einstellung zu ihr.

Wenn unsere Mutter für uns da ist, wenn wir sie in der frühen Kindheit brauchen, können wir auch später anderen Menschen leichter vertrauen. Wir sind bereit, ihnen mit offenem Herzen zu begegnen. Wenn die Verschmelzung mit der Mutter eine befriedigende Erfahrung war und wir sie in der ersten Phase unseres Leben voll ausschöpfen durften, sind wir auch offen dafür, mit anderen zu verschmelzen, ohne damit unsere unerfüllten Bedürfnisse aus der Vergangenheit erfüllen zu wollen.

11

Die Übung

In der letzten Übung hast du versucht, herauszufinden, wie sich deine Mutter in deinen ersten Lebensmonaten im Hinblick auf die duale Einheit dir gegenüber verhalten hat. Die heutige Betrachtung fügt dem Puzzle ein weiteres Stück hinzu.

Wenn du dir die Gefühle anschaust, die auftauchen, wenn es darum geht, sich einem anderen Menschen ganz zu öffnen, kannst du genauer verstehen, wie deine Mutter sich in der Verschmelzungsphase dir gegenüber verhalten hat. Was kannst du an deinen eigenen Verhaltensweisen in Bezug auf die Nähe und das Verschmelzen mit anderen ablesen? Wie hat sich deine Mutter verhalten, als du es brauchtest, dich sicher von ihr gehalten zu fühlen?

Schreibe deine Gedanken und Beobachtungen zu dem Thema in dein Tagebuch.

Halt mich fest

Die Betrachtung

Die Art und Weise, wie wir in den ersten Wochen unseres Leben willkommen geheißen und umsorgt werden, wirkt sich darauf aus, wie wir später das Leben betrachten. Diese ersten Eindrücke bilden die Matrix für unsere Einstellungen dem Leben und Anderen gegenüber. Wurden unsere Bedürfnisse damals einigermaßen erfüllt, fühlen wir uns jetzt sicher. Wurden wir voller Freude betrachtet, fühlen wir uns gesehen. Wurden wir willkommen geheißen, können wir in das Leben hinein entspannen.

Schauen wir uns einmal einige Möglichkeiten an, wie sich ungenügende Bedingungen während unserer ersten Lebenswochen und Monate auf unsere späteren Beziehungen auswirken können. Wenn in der Symbioseperiode nicht alle körperlichen und emotionalen Bedürfnisse des Babys erfüllt werden, kann man als Erwachsener dazu neigen, sich an den Partner zu klammern. Die Seele wird versuchen, den Zustand der dualen Einheit wiederherzustellen und nachträglich zu bekommen, was sie damals gebraucht hätte. Fand in dieser frühen Periode nicht genug Verschmelzung statt, kann das den Boden für spätere co-abhängige Beziehungen bereiten. Unser unerfülltes Verschmelzungsbedürfnis verfolgt uns als Erwachsene und wir erwarten von unserem Partner, die unerfüllten Bedürfnisse des Babys zu befriedigen. Das ist natürlich keine gute Grundlage für eine befriedigende Beziehung zwischen zwei erwachsenen Menschen.

Hat unsere Mutter uns dagegen benutzt, um ihre innere Leere zu füllen oder ihre eigenen unerfüllten frühen Verschmelzungsbedürfnisse zu befriedigen, kann es sein, dass es sich nicht sicher für uns anfühlt, einem anderen Menschen wirklich unser Herz zu öffnen. Wir haben Angst, benutzt zu werden. Wir glauben, unsere Grenzen so rigoros aufrechterhalten zu müssen, dass es uns schwer fällt, anderen wirklich nahe zu sein.

Eine Frau mit einem gesunden Autonomiegefühl ist bereit, in der Verschmelzungsphase mit ihrem Baby ihre Verbundenheit mit dem Kind auf natürliche Weise auszudrücken. Sie fühlt sich nicht von der Abhängigkeit des Kindes bedroht, noch wird sie ihr Kind benutzen, um ihre eigenen Bedürfnisse zu erfüllen. Sie kann die Erfahrung genießen, mit ihrem Kind zu verschmelzen und sie kann dem Kind die Trennung erlauben, wenn es beginnt, sich zu einem Individuum zu entwickeln.

Die Übung

Das unbewusste Material, mit dem wir durch unsere Betrachtungen über das Stadium der dualen Einheit wieder in Kontakt kommen wollen, ist vorbegrifflich. Unsere Seele wurde geprägt, bevor wir Worte für unsere Erfahrungen hatten. Versuche deshalb auch heute, zu er*fühlen,* wie sich diese Entwicklungsphase auf deine Psyche ausgewirkt haben könnte.

Trennung muss sein

Die Betrachtung

So wichtig es ist, in den ersten Lebensmonaten eins mit unserer Mutter zu sein, so wichtig ist auch, dass wir uns später von ihr trennen und zu autonomen Individuen werden. Irgendwann zwischen dem dritten und sechsten Lebensmonat beginnen wir zu erkennen, dass die Mutter eine separate Person ist. Wir beginnen zu erkennen, dass wir getrennt sind.

Wenn das Baby die Mutter als separat erkennt, begreift es auch langsam, dass es seine Mutter braucht. Es beginnt außerhalb seiner selbst danach zu suchen, wie es sein sollte. Während der Symbiosephase IST das Kind einfach nur. Es gibt noch kein Tun. Das Neugeborene lebt von innen nach außen. Wenn unangenehme Empfindungen oder Schmerzen auftauchen, drückt es sie aus. Wenn Freude auftaucht, drückt es sie aus. Das Baby braucht noch keinen Grund für die Freude – keinen neuen Lover, kein neues Auto. Freude ist einfach ein Teil seines Wesens. Als wir noch sehr klein waren, lebten wir aus der Tiefe unseres Wesens. Und wir hatten noch keine Vorstellung davon, dass dem so war.

Als Erwachsene haben wir Angst, nicht mehr geliebt zu werden, wenn wir aus der Tiefe unseres Wesens leben, anstatt darauf einzugehen, was „der Andere" anscheinend von uns erwartet. In der frühen Kindheit hätte der Verlust der mütterlichen Liebe unser Überleben bedrohen können. Die unbewusste Angst, die Liebe der anderen zu verscherzen, weil wir aus unserem Sein handeln, anstatt zu versuchen, es unserem Beziehungspartner recht zu machen, kann sich extrem bedrohlich anfühlen. Für den Verstand kann es schwer sein, das Unbehagen zu verstehen, das wir empfinden, wenn wir uns nach innen wenden. Dieses Unbehagen kann auf der unbewussten

Angst fußen, dass unser Überleben bedroht sein könnte, wenn wir es dem anderen – der Mutter – nicht recht machen.

Die Übung

Erstelle eine Liste all der Dinge, vor denen du dich in Beziehungen fürchtest. Denke an deine vergangenen Beziehungen zurück und erinnere dich, was für Ängste du damals verspürt hast. Hast du Angst, den anderen zu verlieren? Hast du Angst, dich *in* dem anderen zu verlieren? Hast du Angst, verlassen zu werden? Hast du Angst, überwältigt zu werden? Schau, ob du irgendetwas über deine frühe Geschichte weißt, das diese Ängste erklären könnte.

Schreibe deine Beobachtungen in dein Tagebuch.

Der Ursprung des inneren Kritikers

Die Betrachtung

Sobald wir erkennen, dass wir unsere Mutter brauchen, verbiegen wir uns, um sie zufrieden zu stellen. Wir tun das, weil wir sie brauchen. Wir tun das auch, weil wir sie lieben und wollen, dass sie glücklich ist. Wir beginnen, von außen nach innen zu leben. Wir schauen nach außen, auf den anderen, um zu sehen, wie wir sein sollten und versuchen dann, so zu werden.

Am Anfang hat das Baby Angst, die Mutter zu verlieren. Das wird später zu der Angst, die Liebe der Mutter zu verlieren. Aus der Angst, die Mutterliebe zu verlieren, entwickelt sich später der innere Kritiker. Wir entscheiden, wie wir sein müssten, um die Liebe unserer Mutter zu behalten, und unser innere Kritiker hält diese frühen Entscheidungen auch in unserem Erwachsenenleben aufrecht.

Der innere Kritiker ist eine psychologische Struktur, die von Psychologen als das Über-Ich bezeichnet wird. Sie entspricht der Stimme in unserem Kopf, die uns (unablässig) sagt, wie wir sein sollten und wie nicht, was wir sagen, fühlen und denken sollten, und was nicht. Wir vergessen, dass wir die Entscheidung, wie wir sein sollten, vor langer Zeit in Bezug auf unsere Mutter gefällt haben. Sie war ein Ausdruck der Liebe für unsere Mutter und auch eine frühe Überlebensstrategie. Sie sollte unser Überleben sichern, indem sie die Liebe des Menschen garantierte, der für uns verantwortlich war.

Die Aufgabe des inneren Kritikers oder des Über-Ichs ist es, die Strukturen des Egos aufrecht zu erhalten. Wenn das Ego bedroht ist, tritt der innere Kritiker auf den Plan. Die Übungen, die wir in diesem Buch machen, bedrohen unser Ego. Wir bringen unsere alten Überzeugungen und unbewussten Ego-Muster ins Bewusstsein, um all die Strukturen aufzulösen, die unser Herz einengen. Dein Über-Ich wird diese Arbeit nicht gut finden. Es wird sich dagegen wehren. Du wirst alle möglichen Gründe finden, warum du die Arbeit mit diesem Buch nicht fortsetzen solltest. Vielleicht tauchen eine Menge Urteile über das Buch oder die Arbeit auf. Das ist wahrscheinlich dein Über-Ich, welches dich davon abhalten will, dir die Strukturen deines Egos oder deiner Persönlichkeitsebene anzuschauen.

Die Übung

Schau dir an, wie es bisher für dich war, mit diesem Buch und den Übungen zu arbeiten. Hast du Widerstände bemerkt? Was für Gedanken hattest du über diese Arbeit? Was hat sich dir in den Weg gestellt?

Der Mythos vom Seelenpartner

Die Betrachtung

Wir alle glauben nur zu gerne an den perfekten Partner, der all unsere Träume erfüllen und unser Leben vollkommen machen wird. Der Mythos vom perfekten Partner ist tief in unserer Seele verankert. Eine genauere Untersuchung der psychologischen Ursprünge dieses Mythos wird sicher nicht sehr populär sein. Aber wir sind ja hier, um die Wahrheit zu ergründen, also schauen wir sie uns einmal an:

Am Anfang war unsere Mutter. Wir kommen aus dem Formlosen und nehmen mit dem physischen Körper eine Form an. Zum Zeitpunkt unserer Geburt sind wir immer noch mit dem Göttlichen verbunden und bringen die Einheit des Göttlichen mit. Und unsere Mutter ist da. Unser Körper entwickelt sich in ihrem Körper. Das Material unserer physischen Form kommt von ihr. Wir befinden uns in einem Zustand körperlicher Einheit mit der Mutter. Aufgrund der unglaublichen Sensibilität des Energiefeldes, in dem wir als Fötus und auch später, als Neugeborenes, leben, befinden wir uns auch psychisch gesehen in Einheit mit der Mutter. Wir spüren ihren Schmerz. Wir erleben ihre Freude. Wir sind eins mit ihr.

Das neugeborene Kind weiß nicht, dass es von seiner Mutter getrennt ist. Es hat noch keine Vorstellung von einem separaten „Ich“. Die Erfahrung der Ganzheit des essenziellen Selbst wird mit der Gegenwart des Anderen – in diesem Fall der Mutter oder der Versorgerin – in Verbindung gebracht. Im Zuge unserer weiteren Entwicklung verlieren wir nach und nach den Kontakt zu dieser Verbundenheit mit dem Göttlichen und beginnen uns mit unserem Körper zu identifizieren. Etwa zur selben Zeit bemerken wir auch, dass die Mutter von uns getrennt ist.

15

Als wir uns noch als Ganzheit, verbunden mit unserem wahren, göttlichen Wesen erfuhren, war auch die Mutter (der Andere) da. Unbewusst verbinden wir die Gegenwart der Mutter/des Anderen mit der Erfahrung unserer Ganzheit. Das hinterlässt eine Prägung in der Seele, die besagt, dass wir die Gegenwart eines Anderen brauchen, um ganz zu sein. Wir brauchen unsere andere Hälfte – den Seelenpartner.

Die Übung

Was ist deine Reaktion auf die heutige Betrachtung? Was berührt diese in dir? Schau dir deine Vorstellungen rund um den Seelenpartner einmal ehrlich und genau an. Was bedeuten sie dir? Woran wirst du in deiner Sicht erkennen, dass du deinen Seelenpartner gefunden hast? Was für Erfahrungen erwartest du zu machen, wenn du ihn gefunden hast? Schreibe die Antworten auf diese Fragen in dein Tagebuch.

Ich kann das alleine

Die Betrachtung

Im Alter von etwa 15 Monaten beginnt das Kleinkind die Welt zu erforschen. Seine Neugier wächst und es will die Welt jenseits des sicheren Umfelds der Mutter entdecken. Bis zu diesem Punkt stand die Mutter im Mittelpunkt seiner Aufmerksamkeit. Und die Art und Weise, wie die Mutter auf das wachsende Unabhängigkeitsbedürfnis des Kleinkindes reagiert, wirkt sich auf all seine späteren Beziehungen aus.

Was das Kind an diesem Punkt seiner Entwicklung braucht ist die Möglichkeit zu üben, von der Mutter wegzugehen. Macht ihm die Welt Angst, muss es zu ihr zurückkehren und Rückhalt erhalten können. Das wird als die Wiederannäherungsphase bezeichnet. Einfach ausgedrückt, braucht das Kind die Gewissheit, dass es sowohl die Welt als auch die Mutter haben kann. Es kann Freiheit und Kontakt, Autonomie und Beziehung gleichzeitig haben. Wir alle müssen diese Wahrheit erfahren.

Wenn die Mutter zu dieser Zeit schwanger, krank oder mit dem nächsten Kind beschäftigt ist, wenn sie von ihrer Arbeit oder anderen Interessen in Anspruch genommen ist oder mit den frühen Abhängigkeitsstadien ihres Kindes Probleme hatte, kann es sein, dass sie dessen wachsende Unabhängigkeit begrüßt. Vielleicht ermutigt sie das Kind, sich von ihr abzuwenden, indem sie seine wachsenden Fähigkeiten lobt: „Du bist schon so groß! Du brauchst Mami doch gar nicht mehr!"

Aber das Kind braucht immer noch seine Mutter. Es braucht die Möglichkeit, auf ihren Schoß zurückzukehren und neue Energie zu schöpfen. Sein Selbstgefühl ist noch nicht genug entwickelt, als dass es alleine dastehen könnte. Ist die Mutter nicht da, um das Kind aufzunehmen, wenn es Kontakt braucht, kann dies die Botschaft vermitteln: Unabhängig zu sein bedeutet, die Beziehung zu verlieren. Das Kind kann den Glauben entwickeln, autonom zu sein bedeute dasselbe wie allein zu sein.

Die Übung

Erinnere dich an diese Lebensphase mit deiner Mutter oder dem Menschen, der dich großgezogen hat. Wie könnte deine Mutter auf deine Freiheitsbestrebungen reagiert haben? Wenn du dich nicht an diese frühe Phase erinnerst oder keine jüngeren Geschwister hast, die du in dieser Phase mit ihr beobachten konntest, dann versuche, dir vorzustellen, wie sich deine Mutter dir gegenüber verhalten haben könnte, als du begannst, ein eigenes Individuum zu werden. Schreibe deine Beobachtungen in dein Tagebuch.

Überfürsorgliche Mütter

Die Betrachtung

So sehr das Kind es braucht, während der Wiederannäherungsphase zum Schoß der Mutter zurückzukehren, um aufzutanken und sich sicher zu fühlen, so sehr muss es auch wissen, dass es in Ordnung ist, sich von ihr zu entfernen.

Manche Mütter wollen ihre Kinder nicht gehen lassen. Wenn die Verschmelzungsbedürfnisse der Mutter in ihrer frühen Kindheit nicht genug befriedigt wurden, hält sie vielleicht an ihrem Kind fest, um das jetzt nachzuholen. Solche Mütter tun lauter Dinge für ihr Kind, die dieses auch selbst erledigen könnte. Sie unterstützen dessen Abhängigkeit: „Lass Mami das für dich tun!" Sie können dem Kind sogar Schuldgefühle einimpfen, um es in ihrer Nähe zu halten: „Mami vermisst dich, wenn du weggehst." „Willst du nicht lieber hier bleiben, damit Mami nicht so allein ist?" „Was soll Mami denn ohne dich tun?"

Manche Mütter entdecken ihren eigenen Selbstwert in der Mutterrolle und wollen ihn nicht aufgeben. Sie identifizieren sich mit ihrer Rolle als Mutter und scheuen die Leere, die mit dem Verlust dieser Identität einhergeht. Oder sie erdrücken ihr Kind mit ihrer Liebe, weil sie ihre eigene Liebesfähigkeit erleben wollen. Sie brauchen es vielleicht, gebraucht zu werden. Sie brauchen vielleicht das Gefühl, sich um jemanden zu kümmern.

Wenn deine Mutter dich festgehalten hat, als du bereit warst, Abstand zu suchen, fürchtest du vielleicht, dich in einer Beziehung zu verlieren. Wenn sie dir Schuldgefühle gemacht hat, als du deine Autonomie suchtest, kann sich das auf deine derzeitigen Beziehungen auswirken.

17

Die Übung

Schau dir wieder einmal deine Beziehungsgeschichte an und prüfe, ob die heutige Betrachtung deine Erfahrungen bestätigt. Glaubst du, dich in Beziehungen aufopfern zu müssen? Vermeidest du feste Beziehungen, weil du glaubst, der Preis sei zu hoch? Kannst du dir vorstellen, eine enge Beziehung zu haben und trotzdem autonom zu bleiben?

Die allgemeinen Tendenzen können recht offensichtlich sein – aber schau dir auch die feineren Ebenen an. Ist es dir unangenehm, wenn dich jemand wirklich liebt? Versuchst du die Liebe weg zu schieben, um dich weiterhin autonom zu fühlen?
Schreibe deine Beobachtung in dein Tagbuch.

III.

DER VATER

Die Rolle des Vaters

Die Betrachtung

Als wir die Welt jenseits des mütterlichen Schoßes zu erkunden begannen, war im Idealfall unser Vater gegenwärtig, um uns die Welt zu zeigen. Das ist seine Aufgabe. In der besten aller Welten ist es die Aufgabe der Mutter, die Sicherheit und Fürsorge eines guten Heims zu gewährleisten, während der Vater uns anleitet, in der Welt zu verantwortlichen Erwachsenen zu werden. Er vermittelt uns das Gefühl, in der Welt zurechtzukommen. Doch natürlich sind nicht alle von uns in der besten aller Welten aufgewachsen.

In den Fällen, wo der Vater nicht da ist, wenn das Kind beginnt, von der Mutter wegzugehen, oder wo die Beziehung der Eltern gestört ist, kann der Übergang noch schwerer für das Kind sein, als er es normalerweise schon ist. War der Vater abwesend (körperlich oder emotional), kann dem Kind die Unterstützung fehlen, die es braucht, um die Bindung zu seiner Mutter hinter sich zu lassen. Es mag gute, logische Gründe für die Abwesenheit des Vaters geben. Fehlt jedoch seine Unterstützung bei der Individuation des Kindes und dessen Befreiung aus dem Verschmelzungszustand mit der Mutter, dann wirkt sich das negativ auf Nähe und Kontakt aus.

Manche Eltern benutzen ihre Kinder, um ihre Unzufriedenheit mit ihrem Partner hochzuspielen. Das kann zum Beispiel der Fall sein, wenn die Eltern geschieden sind. Es kann aber auch die vorherrschende Dynamik in einer Ehe sein. Ein Vater, der die Anhänglichkeit des Kindes an seine Mutter lächerlich macht oder eine Mutter, die den Vater respektlos behandelt, machen es dem Kind schwer, sich während dieser wichtigen Übergangsphase wohl zu fühlen. Es kann sein, dass wir gezwungen waren, uns zu entscheiden, ob wir mit der Mutter bleiben oder in die Welt des Vaters eintreten wollten. Die bleibende Botschaft kann sich als Gefühl manifestieren, sich nur für eines von beiden entscheiden zu können – entweder für Nähe oder für die individuelle Freiheit und Autonomie.

Die Übung

Wirf einen weiteren Blick auf deine Ängste in Beziehungen und schau, ob sie etwas damit zu tun haben könnten, wie deine Mutter und dein Vater sich dir gegenüber verhalten haben, als du das Stadium der dualen Einheit mit deiner Mutter zu verlassen begannst. War dein Vater da, um dich in die Welt einzuführen und dir den Übergang zu erleichtern, als deine Welt größer wurde? Hat deine Mutter deinen Vater und seine Welt mit Liebe und Respekt behandelt? Welche Botschaften hast du erhalten? Wie könnten diese Botschaften dich heute noch beeinflussen?

Die optimale Distanz in Beziehungen

Die Betrachtung

Der Konflikt zwischen Kontakt und Freiheit fußt auf der Persönlichkeit. Kontakt ist bedrohlich für das Ego, weil es fürchtet, sein Getrenntsein zu verlieren. Das Ego ist reines Getrenntsein. Auf der Ebene des Egos oder der Persönlichkeit scheint es, als gäbe es entweder nur Kontakt oder nur Autonomie. Auf der essenziellen Ebene unseres wahren Wesens gibt es diesen Konflikt nicht. Auf der essenziellen Ebene ist klar, dass man vollkommen man selbst sein und gleichzeitig Kontakt mit anderen haben kann. Man muss seine Freiheit nicht mit Einsamkeit bezahlen.

Das Ego versucht den scheinbaren Konflikt zwischen Autonomie und Verschmelzung normalerweise zu lösen, indem es den optimalen Abstand hält: „Ich kann ungefähr eine halbe Stunde Nähe ertragen, dann muss ich ins Nebenzimmer gehen und etwas arbeiten." Vielleicht willst du, dass dein Partner zuhause ist, aber nicht unbedingt im selben Raum. Es gibt viele Möglichkeiten, einen ertragbaren Abstand herzustellen.

Manchmal klebt ein Paar auf einer Party aneinander und vermeidet so den Kontakt mit anderen. Und auf dem Heimweg müssen sei sich dann streiten, um den Kontakt miteinander zu vermeiden. Es gibt viele subtile Wege, um den optimalen Abstand aufrecht zu erhalten. Wenn sich dein optimaler Abstand vom optimalen Abstand deines Partners unterscheidet, führt das zu einem Beziehungskonflikt. Ihr werdet unterschiedliche Bedürfnisse haben.

Die Übung

Was ist dein optimaler Abstand? Wie lange kann dein System Nähe ertragen? Wie ist es für dich, mit deinem Partner in Urlaub zu fahren und die ganze Woche zusammen zu sein, statt nur an Wochenenden und Abenden?

Wirf einen ehrlichen Blick auf die Strategien, die du benutzt, um deinen optimalen Abstand aufrecht zu erhalten. Wann beginnst du unruhig oder ängstlich zu werden und die Nähe aufheben zu wollen? Wenn du nicht in einer engen Beziehung bist, wie erhältst du den optimalen Abstand zu deinen Freunden, deiner Familie oder deinen Kollegen aufrecht? Wie war das in deiner letzten intimen Beziehung?

Es wird dich unterstützen, deine Beobachtungen aufzuschreiben. Deine Einsichten können unbequem sein und der Verstand wird versuchen, sie zu vergessen.

Wie sich Nähe in Beziehungen auswirkt

Die Betrachtung

Die Liebe löst Strukturen auf. Die Liebe löst Grenzen auf – nicht nur die Grenzen zwischen den Menschen, sondern auch unsere inneren psychischen Strukturen. Das Ego wird von der Liebe bedroht. Das Herz will verschmelzen. Das Ego will separat bleiben. Wir fürchten die Nähe, weil sie die Grenzen bedroht, die das Ego aufgebaut hat, um sein Getrenntsein zu sichern.

Wir fürchten die Nähe auch, weil wir fühlen, dass das Ego seine Kontrollposition verlieren wird, wenn wir unser Herz für einen anderen öffnen. Das Ego will das Sagen haben. Wenn wir uns der Liebe öffnen, hat das Herz das Sagen. Der Witz dabei ist, dass das Ego nie die Kontrolle hatte.

Wenn tiefe Nähe erfahren wurde, besteht auf der Ego-Ebene des Selbst die Tendenz, in die Trennung zu streben. Vielleicht ist dir schon aufgefallen, dass du nach einer besonders tief gehenden Liebesnacht mit deinem Partner beginnst, seine Fehler zu bemerken. Du brichst einen Streit vom Zaun. Dein Partner startet einen Konflikt. Oder beide versuchen, den üblichen, bekannten und bequemen optimalen Abstand wieder herzustellen.

Denselben Mechanismus gibt es unter Freunden. Du erlebst einen Augenblick tiefer Intimität mit einer Freundin, bis du plötzlich merkst, dass sie einen Fleck auf der Bluse hat und du das Gespräch auf das Wetter oder etwas anderes Unpersönliches lenkst. Manchmal geschieht das Ausweichen ganz unmerklich und du musst sehr bewusst sein, um dich dabei zu erwischen, wie du dem Augenblick der Intimität, in dem die Trennung verschwindet, ausweichst.

Die Übung

Kannst du mit der heutigen Betrachtung etwas anfangen? Kannst du dich an Momente erinnern, in denen du deinen Partner nach einer besonders intensiven und nahen Begegnung weggeschoben hast? Erinnere dich an die schönsten Augenblicke der Nähe mit einem geliebten Menschen, sei es in der sexuellen Begegnung oder einfach beim täglichen Zusammensein. Dann schau, ob du den oben besprochenen Mechanismus in deiner eigenen Erfahrung wiederfinden kannst.

Achte in deinen Beziehungen darauf und schau, ob du die Spannung der Nähe aushalten kannst, ohne in die Trennung zu streben, indem du einen Beziehungskonflikt in die Welt setzt. Achte darauf, welche Gefühle auftauchen und was du im Körper empfindest, wenn du im Kontakt bleibst.

Liebe kann vieles bedeuten

Die Betrachtung

Es wird oft bemerkt, dass die Sprache der Inuit viele verschiedene Worte für Schnee kennt. Wir haben nur ein Wort für die Liebe, aber dieses eine Wort hat viele Bedeutungen. Es wird häufig und in vielen verschiedenen Zusammenhängen verwendet. Wenn wir das Wort „Liebe" benutzen, setzen wir voraus, dass der andere weiß, was wir meinen. Das ist nicht unbedingt der Fall.

Liebe kann für den einen etwas völlig anderes bedeuten als für den anderen. Was Liebe für uns bedeutet, wird von unserer Geschichte und unseren Erfahrungen bestimmt. Für den einen kann Liebe zum Beispiel bedeuten, dem Geliebten Freiheit und Raum zu geben. Für den anderen kann es bedeuten, hilfreich und unterstützend zu sein.

Obwohl die Liebe ein Teil des essenziellen Menschseins ist, muss das, was die Menschen Liebe nennen, nicht unbedingt Liebe sein. Du hast vielleicht gesehen, wie dein Vater deine Mutter in eifersüchtigem Zorn schlug, weil er sie „liebte". Deine Eltern haben einen Menschen in seiner Gegenwart vielleicht liebevoll behandelt, um sofort über ihn herzuziehen, als er ihnen den Rücken kehrte. Deine Eltern haben vielleicht behauptet, einander zu lieben, aber du hast etwas anderes gespürt. Abhängig von deiner Geschichte ist das Wort „Liebe" für dich vielleicht mit seltsamen Assoziationen behaftet.

Die frühesten Vorbilder für unser Verhalten waren wie immer die Erwachsenen, mit denen wir lebten, als wir klein waren. Die Art und Weise, wie unsere Eltern ihre Liebe zeigten oder verdrängten, diente als Matrix für unsere eigenen Liebeserfahrungen. Vielleicht zeigte deine Mutter ihre Liebe, indem sie für die Familie kochte und du warst für ihre Liebe offen, indem du beim Essen gut zulangtest, oder du hast dich ihr verschlossen und kaum etwas gegessen. Vielleicht glaubte dein Vater, seine Liebe angemessen auszudrücken, indem er den Lebensunterhalt für seine Familie verdiente, und dass er darüber hinaus nichts zu tun brauchte, um seine Liebe zu zeigen. Diese frühen Prägungen rund um die Liebe hinterlassen ihre Spuren in deiner Seele.

Die Übung

Was bedeutet das Wort Liebe für dich? Welche Assoziationen aus der Kindheit verbindest du mit dem Wort? Wie haben deine Eltern ihre Liebe füreinander geäußert? Wie haben sie ihre Liebe für dich geäußert? Wie werden deine Vorstellungen von der Liebe durch deine Geschichte und deine frühen Erfahrungen mit der Liebe beeinflusst?

Mein Herz gehört Vati

Die Betrachtung

Ungeachtet, ob wir männlich oder weiblich sind – unsere erste Liebe ist immer die Mutter. Mit etwa 4 Jahren verlieben sich kleine Mädchen in ihren Vater. Kleine Jungen bleiben ihrer Mutter verbunden. Einem vierjährigen Kind erscheint der gegengeschlechtliche Elternteil wie ein Gott oder eine Göttin. Die Mythen von Ödipus und Elektra stehen für universale Erfahrungen.

An irgendeinem Punkt erkennen Kinder, die in einer gesunden Familie leben, dass sie den Elternteil, den sie lieben, nicht für sich haben können – Mutti und Vati gehören einander. Das kann zu Enttäuschungen und Eifersucht führen, aber im normalen Verlauf der Dinge erkennen die Kinder bald, dass sie ihren eigenen Partner finden müssen, wenn sie älter sind.

Das Problem ist, dass nicht alle Kinder in einer gesunden, funktionsfähigen, liebevollen oder intakten Familie aufwachsen. Die Enttäuschung über den Verlust eines Elternteils (durch Tod oder Trennung) ist vielleicht zu früh eingetreten oder war zu heftig. Das kann das zarte Kinderherz zerbrechen.

Es kann sein, dass unsere Eltern unsere Anhänglichkeit unangenehm oder peinlich fanden und uns weggeschoben haben. In manchen Fällen hat sich das Kind nie wirklich von dem verehrten Elternteil getrennt. Manche Eltern haben die Anhänglichkeit des Kindes über den stimmigen Zeitraum hinaus unterstützt. Vielleicht haben sie die natürliche Liebe des Kindes ihnen gegenüber sogar ausgenutzt, um ihre Bedürfnisse als Erwachsene zu befriedigen.

Die Art und Weise, wie der gegengeschlechtliche Elternteil auf unsere ersten Liebesbezeugungen und unsere Bewunderung reagiert hat, wirkt sich darauf aus, wie wir später unsere Liebe zeigen.

Die Übung

Kannst du dich an die ersten Liebesgefühle für deinen gegengeschlechtlichen Elternteil erinnern? Wie war das für dich? Wie wurde deine Liebe angenommen? Wurde sie gewürdigt? Gab es Eifersucht zwischen dir und dem gleichgeschlechtlichen Elternteil wegen der Liebe und Aufmerksamkeit des anderen? Erinnerst du dich daran, deine Mutter, deinen Vater oder jemanden wie sie oder ihn heiraten zu wollen? Lass dir diese Fragen heute einfach durchs Bewusstsein ziehen und schau, was für Gefühle sie in dir wecken. Schreibe deine Beobachtungen in dein Tagebuch.

IV.

DIE FAMILIE

Mutterliebe und deine Beziehungen

Die Betrachtung

Manche Beobachter menschlicher Verhaltensweisen sagen, dass alle Männer ihre Mutter heiraten. Und wenn sie die Beziehung zu ihrer Mutter als negativ erlebt haben, wählen sie womöglich eine Partnerin, die einer Mutter entspricht, die sie nie hatten: Der Mutter ihrer Wünsche.

Die meisten Frauen versuchen wahrscheinlich, ihren Vater zu heiraten – oder jemanden, der dem Vater entspricht, den sie sich gewünscht hätten. Manchmal heiraten Frauen aber auch ihre Mutter. Das heißt, sie heiraten jemanden, der sie genauso behandelt, wie ihre Mutter es einst tat, oder der ihrer Mutter sehr ähnlich ist.

Unsere frühe Beziehung zu unserer Mutter hinterlässt einen Eindruck in uns, wie es ist, in einer intimen Beziehung zu sein. Das manifestiert sich in unserem Leben durch unsere Einstellung gegenüber intimen Beziehungen. Es beeinflusst, was wir von unserem Partner erwarten, und es beeinflusst unsere Sicht von der Rolle, die wir selbst in Beziehungen spielen. Außerdem ist es gut möglich, dass wir einen Menschen mit persönlichen Eigenschaften als Partner wählen, die denen unserer Mutter oder unseres Vaters gleichen.

23

Die Übung

Wirf einen Blick auf die Art von Mensch, die du in der Vergangenheit und auch jetzt als Partner gewählt hast – wenn du keine enge Beziehung hast, schau dir deine Freundschaften an – und sieh, ob diese Menschen irgendetwas mit einem deiner Eltern oder mit beiden zu tun haben.

Bleibt irgendein Aspekt in der Beziehung mit unseren Eltern unabgeschlossen, können wir versuchen, ihn in unserer derzeitigen Beziehung zu klären. So ist es typisch für viele Frauen, deren Vater emotional nicht erreichbar war und ihnen nicht die Liebe und Aufmerksamkeit gab, die sie sich wünschten, einen Mann zu heiraten, der ebenfalls zu emotionalem Rückzug neigt. Dann versuchen sie ihn dazu zu bewegen, ihnen zu geben, was ihr Vater ihnen verweigert hat. Das ist als versuche die Seele immer noch, ihre ursprünglichen Bedürfnisse zu erfüllen.

Und wenn ein Mann sich dieselbe Art von Frau sucht, die schon sein Vater gewählt hat, kann das eine Möglichkeit für ihn sein, weiterhin an der Mutter zu hängen und nicht zu einem eigenständigen Individuum heranzuwachsen. Schau dir deine Entscheidungen in Beziehungen an – gibt es irgendwelche Anklänge an die obigen Beispiele? Schreibe deine Beobachtungen in dein Tagebuch.

Frühe Erfahrungen mit der Liebe

Die Betrachtung

Weil das Wort „Liebe“ auf so viele verschiedene Weisen gebraucht wird, haben wir viele verschiedene Assoziationen zu dem Wort und in Bezug auf die Erfahrung dessen, was gemeinhin Liebe genannt wird. Wir tragen frühe Erinnerungen an die Art und Weise in uns, wie unsere Eltern ihre Liebe geäußert haben und wie wir ihre Liebe für uns und für einander erlebt haben. Wir tragen auch die Erinnerungen an unsere erste Liebe für einen Menschen außerhalb unserer Familie in uns.

Deine Liebesgefühle können in der Grundschule oder im Gymnasium aufgetaucht sein, aber wann immer es geschah, haben sie deine Erfahrung, was Liebe ist, auf ihre Weise geprägt. Du kannst damals Entscheidungen getroffen haben, die deine gegenwärtigen Erfahrungen mit der Liebe immer noch beeinflussen.

Wir haben den Ödipuskomplex schon betrachtet. Ein erster Schritt, wie ein kleiner Junge diesen Konflikt für sich löst, kann darin bestehen, dass er sich in seine Lehrerin verliebt. Unsere erste Kinderliebe ist eine gesunde Bewegung in Richtung eines späteren Partners. Sie kann uns auch sehr verletzlich machen, wie du dich vielleicht erinnerst. Manchmal machen sich die Klassenkameraden über die ersten Liebesbezeugungen eines Mitschülers lustig. Unsere zarten, jungen Herzen können leicht verletzt werden, wenn wir unsere erste Liebe erleben und auszudrücken beginnen.

Unser erster Liebesimpuls für einen Menschen außerhalb der Familie ist ein großer Entwicklungsschritt in Richtung Autonomie. Die Art und Weise, wie unsere Liebe angenommen wird, kann große Auswirkungen auf uns haben. In dieser Zeit der ersten Liebe für einen Menschen außerhalb der Familie können wir ebenfalls Entscheidungen treffen, die wir ein Leben lang in uns tragen.

Die Übung

Erinnere dich an das erste Mal, wo du Liebe für einen Menschen außerhalb deiner Familie empfunden hast. Wer war das? Was waren die Umstände? Wie ist es abgelaufen? Welche Entscheidungen hast du gefällt?

Spür einfach in die Erinnerung an die frühen Erfahrungen hinein und schau, ob du dich an irgendwelche Entscheidungen rund um die Liebe erinnern kannst, die aus dieser Begegnung resultierten. Hast du Entscheidungen gefällt, die mit einer der folgenden Aussagen beginnen: „Ich werde nie..." oder „ich werde immer..."? Schreibe diese Entscheidungen in dein Tagebuch.

Die Geschwisterfolge und die Liebe

Die Betrachtung

Unsere Brüder und Schwestern beeinflussen unsere frühen Erfahrungen mit der Liebe ebenso wie unser Platz in der Geschwisterfolge. Wie du sicher bemerkt hast, unterscheiden sich die Erfahrungen des ältesten Kindes von denen des jüngsten. Dein Platz in der Geschwisterfolge wirkt sich auf dich aus und er beeinflusst auch deine Beziehung zu deinen Geschwistern.

Die Lebensumstände eines jeden Menschen sind einzigartig und jede allgemeine Feststellung kann nur auf bestimmte Aspekte hinweisen. Doch es gibt Tendenzen, die anscheinend auf so viele Menschen zutreffen, dass sie zu einer generellen Aussage zusammengefasst werden können. So tragen die Erstgeborenen meist ein größeres Verantwortungsgefühl für sich und die anderen. Das jüngste Kind kann sich zu einem Erwachsenen entwickeln, der erwartet, dass man sich um ihn kümmert. Wie gesagt, das ist eine Verallgemeinerung und nicht immer wahr. Beim Lesen wirst du dir deine eigenen Situation vor Augen führen und sehen, was für dich stimmt – und was nicht.

Für das erste Kind kann jedes neue Geschwisterchen bedeuten, dass Mutti und Vati weniger Zeit haben und auch, dass es mehr Verantwortung übernimmt. Wenn du das erste Kind in deiner Familie warst, kam es dir vielleicht vor, als wäre mit jedem neuen Geschwister weniger Liebe für dich da. Vielleicht hast du es deinen Geschwistern geneidet. Als Erwachsener kannst du immer noch das Gefühl mit dir herumtragen, je mehr Menschen um dich sind, desto weniger Liebe und Unterstützung sei für dich übrig. Warst du hingegen der oder die

Jüngste, glaubst du vielleicht, umso mehr Liebe zu erhalten, je mehr Menschen um dich sind. Beide (normalerweise unbewussten) Sichtweisen werden sich darauf auswirken, wie du deinen Freundeskreis und deine nahen Beziehungen gestaltest.

Die Übung

Schau dir deinen Platz in der Geschwisterfolge, deine Geschlechtszugehörigkeit und die Altersunterschiede zwischen dir und deinen Geschwistern an. Haben dein Geschlecht und dein Platz in der Familie deine Erfahrungen und Erwartungen in Bezug auf die Liebe beeinflusst? Als Mädchen mit zwei Brüdern könntest du andere Erfahrungen gemacht haben als ein Mädchen mit zwei älteren Schwestern. Wenn du eine Weile das einzige Kind warst, kannst du andere Erfahrungen gemacht haben als das jüngste Kind in der Familie. Und ein Einzelkind macht völlig andere Erfahrungen in Bezug auf das Leben und die Liebe, als ein Kind mit sechs Geschwistern. Schreibe deine Beobachtungen in dein Tagebuch.

Das Lieblingskind

Die Beobachtung

Heute werden wir die unbewussten Entscheidungen rund um die Liebe, die in deiner Psyche gespeichert sind, weiter erforschen und uns genauer anschauen, wie dich deine Eltern im Vergleich zu deinen Geschwistern gesehen haben.

Die Eltern können ein Kind den anderen vorziehen. Das kann sich ganz offensichtlich in bestimmten Bemerkungen spiegeln: „Warum kannst du nicht mehr wie dein Bruder sein?" Oder die Bevorzugung zeigt sich einfach in der Art und Weise, wie die Eltern mit den verschiedenen Kindern umgehen. Wenn du nicht zu den bevorzugten Kindern gehörst, kannst du das Gefühl haben, mit dir stimme etwas nicht. Du hältst dich vielleicht für weniger liebenswert als deine Geschwister.

In der Nachkriegszeit, als das Essen knapp war, bekamen manche Jungen beim Mittagessen immer das größere Stück Fleisch zugeschoben. Das gab Mädchen wie Jungen eine ganz klare Botschaft über ihren Wert.

Wenn du das Lieblingskind warst und wusstest, dass deine Geschwister darunter litten, hast du unbewusst vielleicht entschieden, dass geliebt werden bedeutet, andere zu verletzen. War die Bevorzugung sehr offensichtlich, kam es dir vielleicht vor, als ob die Tatsache, geliebt zu werden, dich von anderen Menschen, die du gerne hast, isolierte. Du hast dich der größeren Aufmerksamkeit deiner Eltern vielleicht nicht würdig gefühlt und hart daran gearbeitet, deinen Sonderstatus zu verdienen. In diesem Fall versuchst du vielleicht immer noch, dir die Liebe zu erarbeiten. Oder du könntest die Haltung entwickelt haben, dass dir mehr zusteht, als den anderen, weil du etwas Besonderes bist.

Die Übung

Schau dir an, wie deine Eltern und deine erweiterte Familie mit dir und deinen Geschwistern umgegangen sind. Mit welchen inneren Entscheidungen hast du auf die Art und Weise reagiert, in der du behandelt wurdest? Was hast du rund um das Thema entschieden, ob du liebenswert bist? Ob du Liebe verdienst?

Schreibe deine Entscheidungen in dein Tagebuch. Denk daran, dass die Entscheidungen, die wir als Kinder fällen, nicht die Wahrheit repräsentieren – sie sind einfach nur Entscheidungen, die wir als Kinder fällen.

Ein Opfer für die Liebe

Die Betrachtung

Als kleine Kinder sind wir noch voller Liebe und unglaublich sensibel. Wir spüren alles, was in unserem Umfeld geschieht, bevor wir Konzepte entwickelt haben, die unsere Erfahrungen erklären. Wir spüren es, wenn einer unserer Eltern Schmerzen hat und unsere natürliche Liebe und unser Mitgefühl lassen uns versuchen, etwas zu tun.

Waren unsere Eltern niedergeschlagen, haben wir vielleicht versucht, putzig und niedlich zu sein, um sie aufzumuntern. Es kann sein, dass wir eine sonnige Persönlichkeit entwickeln, um unsere Eltern froh zu machen, und dass wir aus Liebe und natürlichem Mitgefühl mit ihnen einige Anteile unserer selbst opfern. Manche Opfer sind leichter zu erkennen, andere sind subtiler.

Unsere Liebe kann unseren Eltern zuviel gewesen sein, weil die Liebe eine schmerzhafte Erfahrung für sie war. Paradoxerweise können wir unseren Eltern unsere Liebe gezeigt haben, indem wir diese zurückhielten. Waren unsere Eltern depressiv, haben wir unsere eigene Ausgelassenheit vielleicht unterdrückt, um es ihnen mit unserer Lebendigkeit nicht noch schwerer zu machen. Wir können unsere eigenen Bedürfnisse unterdrückt haben, um uns um einen unserer Eltern zu kümmern. Diese frühreife Entwicklung beeinflusst unsere Fähigkeit und unsere Bereitschaft, als Erwachsene unsere eigenen Bedürfnisse zu äußern.

Diese frühen Ausdrucksformen unserer Liebe beeinflussen uns auch als Erwachsene und wirken sich darauf aus, wie wir unsere Liebe manifestieren.

Die Übung

Schau dir an, was du aus Liebe und Mitgefühl für deine Eltern geopfert haben könntest. Welche Anteile deiner selbst hast du unterdrückt, damit sich deine Eltern besser fühlten?

Du hast als Kind vielleicht Verantwortungen übernommen, die damals zu viel für dich waren, und nicht bekommen, was du brauchtest. Wenn du dich aus Liebe aufgeopfert hast, kann es sein, dass dir die Liebe später, als Erwachsener, nicht gerade verlockend vorkommt. Wenn deine Liebe für einen anderen bedeutet, nicht zu bekommen, was du brauchst, willst du vielleicht nichts mehr mit der Liebe zu tun haben.

Schreibe deine Beobachtungen in dein Tagebuch.

In den Fußstapfen unserer Eltern

Die Betrachtung

In der letzten Betrachtung haben wir kurz über die Opfer gesprochen, die wir als Kinder aus lauter Liebe und Treue zu unseren Eltern gemacht haben. Jetzt wollen wir uns einmal genauer anschauen, welche Macht diese verzerrten Liebesbeweise für unsere Eltern haben und wie stark sie sich auswirken.

Wir drücken unsere Liebe für unsere Eltern dadurch aus, dass wir wie sie werden. Wir drücken unsere Liebe für unsere Eltern aus, indem wir uns nicht erlauben, mehr zu haben oder es besser zu haben als sie. Es ist vielleicht eine Verallgemeinerung zu sagen, Männer neigten dazu, sich auf ihre Karriere zu konzentrieren und Frauen auf ihre Beziehungen. Aber um die Dinge einfach zu halten – und weil ich eine gewisse Wahrheit in ihr sehe – werde ich diese allgemeine Beobachtung beibehalten.

Jungen erweisen ihren Vätern ihre Liebe und Loyalität manchmal dadurch, dass sie in ihrem Berufsleben nicht erfolgreicher sein wollen als der Vater. Mädchen drücken ihre Liebe für ihre Mutter manchmal dadurch aus, dass sie es sich nicht erlauben, eine glücklichere oder längere Beziehung zu haben als diese. Wenn ihre Eltern zum Beispiel geschieden sind oder der Vater nach sieben Ehejahren gestorben ist, kann es sein, dass die Tochter sich weigert, eine tiefe Beziehung zu haben, die länger als sieben Jahre dauert. Oder wenn die Mutter nicht glücklich in ihrer Beziehung war, kann es eine Herausforderung für die Tochter sein, in ihren Beziehungen mit Männern wirklich glücklich zu sein. In einem unbewussten Teil ihrer Psyche fühlt sie sich unloyal der Mutter gegenüber, wenn ihre Beziehung glücklicher ist als es die der Mutter war.

Ein Sohn kann sich dem Vater gegenüber unloyal fühlen, wenn er mehr verdient als dieser. Oder er erlaubt sich einen größeren Verdienst, hat aber gesundheitliche Probleme oder eine schwierige Beziehung, um seinen Mehrverdienst zu kompensieren. Er demonstriert weiterhin seine Loyalität seinem Vater gegenüber, indem er ihn nicht in allem übertrifft.

Die Übung

Schau, ob irgendetwas an der obigen Betrachtung dich berührt, und schreibe deine Beobachtungen in dein Tagebuch. Es kann hilfreich sein, eine Kurzbiographie für jeden der beiden Eltern zu schreiben und sie mit einem kurzen Überblick deiner eigenen Geschichte zu vergleichen.

Den Traum unserer Eltern leben

Die Betrachtung

Wir haben uns die unbewussten Aspekte unserer Beziehung zu unseren Eltern genauer angesehen, um zu erkunden, welche Begrenzungen wir uns und unseren Beziehungen auferlegen – aus Liebe, aus Loyalität und aus dem Wunsch, unsere Verbindung zu unseren Eltern aufrecht zu erhalten.

Wie sehr wir unsere Eltern auch lieben und sie dafür achten, uns das Leben geschenkt zu haben – wir können uns auch vorstellen, dass wir, falls wir viele Leben hatten, auch viele Eltern hatten. Wenn wir uns für diesen Körper halten und uns mit der Geschichte unserer gegenwärtigen Inkarnation identifizieren, scheint es Sinn zu machen, sich stark mit unseren gegenwärtigen Eltern zu identifizieren. Identifizieren wir uns jedoch mehr mit dem Sein und sehen uns als Reisende durch die Zeit, die in vielen verschiedenen Körpern leben, während sich die Seele entfaltet und entwickelt, dann könnte es uns leichter fallen, unser enges Verbundensein mit den Eltern, die uns unser Leben geschenkt und sich um unsere gegenwärtige menschliche Form gekümmert haben, loszulassen.

Unsere Anhaftung an unsere Eltern kann sich darin äußern, dass wir versuchen, mit ihnen verbunden zu bleiben, indem wir – statt unser eigenes Leben zu leben – ihr Leben für sie leben. Indem wir das Leben leben, das sie für uns geplant hatten. Sie wollten, dass ihr Sohn ein Arzt wird, also wird er ein Arzt. Oder sie wollten selber gerne Arzt werden, konnten das aber nicht, und so verwirklicht der Sohn oder die Tochter den Wunsch für sie. Wir versuchen, ihre Träume zu verwirklichen statt unsere eigenen.

Eine weitere Möglichkeit, das Leben unserer Eltern zu leben, besteht darin, ihre Muster zu wiederholen, um so mit

29

ihnen verbunden zu bleiben. Wir trinken zuviel – genau wie sie. Wir rauchen wie sie. Wir lassen uns scheiden wie sie. Als Frauen kochen wir vielleicht wie unsere Mütter oder führen den Haushalt wie sie – oder wir hassen die Männer ebenso wie sie es taten. Als Männer setzen wir die Frauen ebenso herab wie unser Vater oder behandeln unsere Kinder ebenso, wie er es tat.

Wenn wir die Muster unserer Eltern wiederholen, bleiben wir mit ihnen verbunden. Wir würdigen ihre Muster, indem wir sie zu unseren eigenen machen.

Die Übung

Welche Muster deiner Eltern wiederholst du in deinem Leben? Warum?

Der Ahnenprozess

Die Betrachtung

Indem wir ein Muster unserer Eltern oder unserer Ahnen wiederholen, bleiben wir Mitglieder unserer Familie. Soziale Wesen, die wir sind, hätten wir historisch gesehen ohne unsere Sippe nicht überlebt – unsere Zugehörigkeit zu der Gruppe war eine Frage von Leben und Tod. Und als die Tiere, die wir sind, tragen wir immer noch den Überlebensinstinkt in uns, der sich über Jahrhunderte der Evolution entwickelt hat. So ist es nur zu verständlich, dass wir versuchen, den Mustern unserer Sippe zu entsprechen.

Die Übung

Die heutige Übung ist die Kurzversion eines Prozesses, der ursprünglich von meiner Freundin und Organisatorin in Europa, Maja Ralston Koch, entworfen wurde. Lies den folgenden Text so oft wie nötig, bevor du anfängst. Du wirst etwa 20 Minuten für den Prozess brauchen. Finde eine entspannte, bequeme Position, schließe die Augen und nutze deinen Atem, um so tief wie möglich zu entspannen. Stell dir vor, du bist an einem angenehmen Ort.

Lade deine Eltern und beide Ahnenreihen ein, vor dir zu erscheinen. Bitte deine Ahnen, denjenigen, der die Liebe, die Weisheit und das Wissen beider Reihen repräsentiert, vorzutreten. Lass denjenigen auf seine eigene Weise erscheinen. Frage ihn oder sie nach ihrem Namen.

Frage sie dann, welches Muster deiner Ahnen dich am stärksten daran hindert, dein Herz auf liebevolle Weise in deinen Beziehungen zu öffnen. Entspanne dich und lausche auf die Antwort. Bitte sie dann, dir zu sagen, was sich für dich und deine Ahnen ändern würde, wenn du dieses Muster loslassen würdest. Sei offen für ihre Antwort oder Reaktion. Stelle Fragen, wenn nötig.

Dann frage dich selbst, ob du wirklich bereit bist, dieses Ahnenmuster loszulassen. Wenn du bereit bist, sprich den folgenden Satz dreimal laut aus: „Ich, ... (sage deinen ganzen Namen) lasse das folgende Ahnenmuster jetzt los: ... (beschreibe das Muster)."

Lass dich von der Energie deiner Ahnen dabei unterstützen, loszulassen und dich von all den Strukturen im Körper, in den Zellen und in deinem Energiefeld zu befreien, die mit deinem Ahnenmuster zusammenhängen. Achte darauf, wie du und deine Ahnen sich hinterher fühlen. Dann teile beiden Ahnenreihen mit, dass du sie anerkennst und würdigst, und lasse sie gehen. Atme ein paar Mal tief durch und komme in die Gegenwart zurück.

V.

MUSTER

Filter, mit denen wir unsere Liebe blockieren

Die Betrachtung

Wie schon mehrfach betont, ist die Liebe ein natürlicher Teil unserer Ganzheit als Menschen. Es liegt in unserem Wesen zu lieben. Aber unsere mentalen Entscheidungen und Überzeugungen können uns daran hindern, die Wahrheit dessen, der wir sind, wirklich zu erfahren. Das gilt auch für die Liebe.

Das Ego versucht, Schmerzen zu vermeiden und das Angenehme zu suchen. Haben wir die Liebe früher als schmerzhaft erlebt, wird unser Ego nicht mitspielen, wenn wir uns in der Gegenwart für die Liebe öffnen wollen. Es wird auch versuchen, zukünftige Liebe zu vermeiden.

Manche Eltern zeigen ihre Liebe auf eine Weise, die den Kindern die Lust auf die Liebe nimmt. Wenn deine Eltern vor deiner Liebe zurückgewichen sind, als du klein warst, hast du vielleicht geglaubt, deine Liebe sei nicht erwünscht oder es stimme irgendetwas nicht mit ihr.

Wenn du von deiner ersten Liebe abgewiesen wurdest, hast du vielleicht unbewusst geglaubt, nicht liebenswert zu sein. Wenn der von dir geliebte Mensch gestorben ist, hast du vielleicht entschieden, dass die Liebe dir zu schmerzhaft ist. Du hast dein Herz für die Liebe verschlossen.

Diese Entscheidungen können als Abwehrmechanismen der jeweiligen Psyche gesehen werden, die sie errichtet, um sich vor zukünftigen Schmerzen zu schützen. Sie werden aber auch zu einem Teil unseres Selbstbildes und unserer Sicht der Realität. Wir können sogar bewusst eine Philosophie entwickeln, die diese unbewussten Abwehrmechanismen erklärt.

31

Wir können uns selbst einreden, dass die Liebe nicht wichtig ist oder nur Probleme macht. Sätze wie: „Liebe macht blind", „man kann keinem vertrauen" oder „die Männer wollen doch nur das eine" sind bekannte Beispiele für solche defensiven Philosophien.

Die Übung

Schau dir die Entscheidungen an, die du in Reaktion auf deine Beziehungsgeschichte gefällt hast und die dich daran hindern könnten, Liebe zu erfahren. Schützt du dein Herz auf irgendeine Weise? Schreibe deine Gedanken in dein Tagebuch.

Beziehungsmuster: Nur die Gesichter ändern sich

Die Betrachtung

Wenn du mehr als zwei Liebesbeziehungen hattest, reichen die Daten, die dir zur Verfügung stehen, um ein Muster zu erkennen. Viele von uns haben immer wieder dieselbe Beziehung – nur die Gesichter ändern sich. Unsere Muster bilden das konstante Element in allen Beziehungen.

Manche von uns fühlen sich von Partnern angezogen, die sie missbrauchen. Manche von uns rutschen immer wieder in Beziehungen mit einem suchtkranken Partner. Andere werden ständig von Partnern angezogen, die nicht wirklich da sind, weil sie entweder schon in einer festen Beziehung stecken oder emotional nicht präsent sind. Wir können von einem viel älteren oder viel jüngeren Menschen angezogen sein. Wir können versuchen, unsere Partner zu retten oder ihr Leben zu verbessern. Die Gesichter ändern sich, aber wir sind immer noch da.

Wie du vielleicht siehst, wurzeln unsere Muster in unseren frühen Konditionierungen. In gewisser Weise spiegeln sie unsere Erfahrungen mit unseren Eltern. Um die unbewusste Macht dieser Muster über unsere Entscheidungen und unser Verhalten zu brechen, müssen wir sie ins Bewusstsein bringen und ihren Ursprung untersuchen. Und wenn wir unsere Muster ans Licht des Bewusstseins bringen, beginnen sie sich aufzulösen.

Die Übung

Was für eine Situation hast du in deinen romantischen Beziehungen immer wieder erlebt? Welche Dynamik steht dahinter, die alle Beziehungen gleich macht, obwohl die Gesichter anders sind?

Wenn du ein Muster gefunden hast, schau, ob du die Ursprünge dieses Musters auf etwas aus deinem frühen Leben als Kind mit deinen Eltern zurückführen kannst. Wenn dein Vater oder deine Mutter zum Beispiel ausfallend dir gegenüber waren, kannst du erwarten, auch jetzt mit Missachtung behandelt zu werden. Du kannst unbewusst aggressive Partner auswählen, weil das deinem Modell von der Liebe entspricht. Und vergiss nicht zu atmen!

Schau wieder einmal, ob du in deiner Kindheit irgendetwas entdecken kannst, das sich auf die Muster beziehen könnte, die du in deinen erwachsenen Beziehungen siehst, und schreibe deine Entdeckungen in dein Tagebuch.

Heilung durch Wiederholung

Die Betrachtung

Unsere erste Interaktion mit einem anderen Menschen hinterlässt eine tiefe Prägung in unserer Seele. Diese Prägung kann als Filter gesehen werden, durch den wir uns selbst und unsere Beziehungen erleben.

Wenn wir ein Entwicklungsstadium nicht erfolgreich beendet haben, erschafft unsere Seele Umstände, in denen wir unbewusst versuchen, das frühe Stadium zu einem Abschluss zu führen. Wir tun das, obwohl wir chronologisch gesehen längst über dieses Entwicklungsstadium hinaus sind. Wir versuchen immer wieder zurückzugehen und zu bekommen, was wir verpasst haben, als wir jung waren.

Dieser Vorgang demonstriert die unglaubliche Weisheit unserer Seele. Unsere Seele sehnt sich nach Ganzheit. Unsere Seele und unser Herz wollen sich entfalten und entwickeln. Darum wird uns die Seele immer wieder Umstände präsentieren, die, wenn wir bewusst sind, zu unserer Heilung führen.

Wir haben die Wahl, ein verpasstes Entwicklungsstadium bewusst zu beenden oder unbewusst zu dramatisieren.

Wenn uns die Dynamik eines unserer Muster bewusst wird und wir die mit ihm einhergehenden Gefühle voll verstehen – was uns das Muster gekostet hat und wie es dramatisiert wurde – und wenn wir uns erlauben, die mit ihm verbundenen Körperempfindungen zu spüren, dann können wir den Teufelskreis beenden. Vergiss nicht, wir müssen alle drei Zentren einsetzen.

Die Übung

Wirf einen weiteren Blick auf deine Beziehungen und schau, ob du ein Muster siehst, das den Versuch deiner Seele spiegelt, ein früheres Entwicklungsstadium wachzurufen, um ein unerfülltes Bedürfnis zu erfüllen.

Was versucht deine Seele zu erreichen, indem sie das Muster wiederholt? Was für eine Erfahrung versucht deine Seele dir zu geben? Welche Wunde könnte sie versuchen zu heilen? Denk daran, während all dieser Übungen in dein Herz zu atmen und dich deinen Gefühlen und Körperempfindungen zu öffnen. Schreibe deine Erfahrungen mit dieser Übung in dein Tagebuch, um das Verständnis besser zu integrieren.

Was wir wirklich wollen

Die Betrachtung

Die meisten von uns haben nie erlebt, dass all ihre Bedürfnisse vollkommen erfüllt wurden. Das ist einfach die Realität des Lebens. Überdies haben wir alle den Kontakt zu unserem wahren Wesen verloren, und dieser Verlust führt zu einer Erfahrung der Leere in uns.

Eric Hoffer, der amerikanische Philosoph und einstige Hafenarbeiter soll gesagt haben: „Du kannst nicht genug von dem bekommen, was du nicht wirklich willst." Man könnte auch sagen, dass kein Ersatz je befriedigt. Wenn wir wollen, dass unser Vater uns anerkennt, sieht und unsere Fähigkeiten wirklich schätzt, kann keine Anerkennung der Welt uns diesen Wunsch nach der Anerkennung unseres Vaters erfüllen. Wir können ständig daran arbeiten, die Anerkennung der anderen zu gewinnen, aber das wird nie das Loch stopfen, das wir fühlten, weil unser Vater uns nicht sah.

Wenn wir uns in unserer frühen Kindheit gehalten und sicher fühlen wollten, wird auch das dickste Bankkonto uns nicht die Sicherheit vermitteln, nach der wir suchen. Wenn wir einfach nur von der Liebe unserer Mutter genährt werden wollten, kann kein Essen, das wir jetzt zu uns nehmen, dieses Loch stopfen. Wir wollen nicht wirklich essen. Wir wollen die Erfahrung, von unserer Mutter genährt zu werden.

Indem wir diese Muster untersuchen, die wir in unsere Beziehungen als Erwachsene mitbringen und die die Entfaltung der Liebe begrenzen, die wir im Herzen tragen, können wir Mitgefühl mit uns selbst empfinden. Wir können unsere Muster als fehlgeleitete Versuche sehen, ein verpasstes Entwicklungsstadium zu beenden. Wir können die Weisheit unserer Seele würdigen, die uns immer wieder in Situationen bringt, in denen wir die Vergangenheit heilen können, indem wir alte Schmerzen ins Bewusstsein bringen.

Die Übung

Sieh, ob dich irgendetwas von dem oben Gesagten berührt. Vielleicht besteht dein Beziehungsmuster darin, dir einen Gegenüber zu wählen, der nicht für dich da ist. Du kannst erkennen, dass sich hier die Sehnsucht wiederholt, die du als Kind für deine Mutter empfandest, die (aus welchem Grund auch immer) nicht so vollständig für dich da war, wie du es gebraucht hättest. Nutze dein Tagebuch für die Erforschung.

Das früheste Modell einer Liebesbeziehung

Die Betrachtung

Wir sehen, dass unser Wissen über romantische Beziehungen – wie fast alles, was wir lernen – in unserem frühkindlichen Umfeld entstanden ist. Wir haben uns den Ursprung der Muster angesehen, die wir in unsere Beziehungen als Erwachsene mitbringen. Wir müssen daran denken, dass die Beziehung unserer Eltern uns den ersten Eindruck davon vermittelte, was eine Beziehung zwischen Erwachsenen ausmacht und was nicht.

Falls du mit Eltern gesegnet warst, die sich liebten, fällt dein erster Eindruck von einer romantischen Partnerschaft natürlich anders aus als bei Eltern, die verbittert und enttäuscht voneinander waren. Wenn deine Eltern voller Liebe und Respekt über einander sprachen, wirkt sich das auf deine Vorstellung von einer Partnerschaft aus. Hat einer deiner Eltern oder haben beide sich stattdessen über den anderen beschwert und dich in ihre Unstimmigkeiten mit einbezogen, wird dein Bild von einer so genannten Liebesbeziehung völlig anders ausfallen.

Wenn deine Eltern geschieden waren und dir ständig das Unrecht vorgebetet haben, das der andere ihnen angetan hat, fallen deine Vorstellungen von Ehe und Partnerschaft völlig anders aus, als wenn deine Eltern glücklich über das Geschenk waren, ihr Leben miteinander zu teilen.

Die Entscheidungen, die du über intime Beziehungen getroffen hast, beruhen auf dem Beziehungsmodell deiner Eltern. Es ist klar, dass diese frühen Entscheidungen sich auf die Art und Weise auswirken, wie du auf deine Beziehungen als Erwachsener zugehst.

35

Die Übung

Erinnere dich daran, wie du das Miteinander deiner Eltern gesehen hast, als du jung warst. Wie waren sie und wie waren sie nicht? Was hat jeder von ihnen über den anderen gesagt? Was für eine Vorstellung haben sie dir von einer intimen Beziehung oder einer Ehe vermittelt?

Schau dir noch einmal die Entscheidungen an, die du auf der Basis des Modells deiner Eltern über enge Beziehungen getroffen hast. Schreibe deine Beobachtungen in dein Tagebuch.

Deine Regeln für intime Beziehungen

Die Betrachtung

Deine Vorstellungen, was in einer Beziehung okay ist und was nicht, basiert darauf, wie sich deine Eltern miteinander verhalten haben. Viele Punkte auf deiner Liste können ziemlich unbewusst sein. Es ist hilfreich, einen Blick auf diese innere Checkliste zu werfen und zu prüfen, ob die Vorstellungen, was in einer Beziehung okay ist und was nicht, deiner derzeitigen Realität entsprechen.

Mit anderen Worten, als Erwachsener hast du neben dem Modell deiner Eltern schon viele andere Beziehungsvarianten erlebt. Viele von uns haben ihre in der Kindheit aufgestellten Listen, was in einer Beziehung okay ist und was nicht, noch nicht auf den neusten Stand gebracht.

Deine Mutter hat deinem Vater vielleicht nie widersprochen und du hast dir gesagt, dass so eine liebevolle Beziehung funktioniert. Oder dein Vater wollte deiner Mutter seine Sorgen ersparen und hat ihr nur die Dinge erzählt, mit denen sie seiner Meinung nach umgehen konnte: Alle schwierigen Wahrheiten hat er für sich behalten, um sie allein zu bewältigen. Und du hast dieses Modell unbewusst in deine Vorstellung von einer liebevollen Beziehung mit eingebaut und hältst deshalb alle Sorgen von deinem Partner fern. Dann kann es sein, dass ihr kaum vertrauliche Gespräche führt und keine wirkliche Verbindung spürt.

Die Übung

Um zu entdecken, was du unbewusst vom Modell deiner Eltern übernommen hast, nimm ein Blatt Papier und versieh es mit der Überschrift: „In einer intimen Beziehung sollte man immer..."
Nun stell dir deine Eltern vor und erinnere dich, wie sie miteinander waren, als du klein warst, und wie nicht. Vervollständige den obigen Satz aus deiner Kindersicht so oft du kannst. Denk nicht darüber nach – schreibe einfach.

Dann nimm dir ein weiteres Blatt Papier. Bleibe weiterhin mit der Atmosphäre in Kontakt, die du rund um die Beziehung deiner Eltern gespürt hast und vervollständige den Satz: „In einer intimen Beziehung sollte man nie..."
Lass dich davon überraschen, was auftaucht.

Die Einheit von Mutter und Kind

Die Betrachtung

Lass uns zu unserer Betrachtung des frühen Stadiums der dualen Einheit zurückkehren. Das ist das „schmusige" Stadium der verschmolzenen Identität. Mutter und Kind sind eins. Sie leben in ihrer eigenen kleinen Welt. Idealerweise erfüllt die Mutter die Bedürfnisse des Babys, sobald sie auftauchen. Jeder hat schon eine frischgebackene Mutter gesehen, die ihrem Kind liebevoll in die Augen schaut und das Kind schaut voller Staunen zurück.

Klingt das bekannt? Erinnert es dich an das erste Stadium einer Liebesaffäre? Das angenehme Gefühl zu verschmelzen, indem der Rest der Welt verschwindet? Der Blick in die Augen des Geliebten, als wäre alles, was du je wolltest, in diesem Menschen zu finden? Die ewig währenden Bettbegegnungen mit dem Geliebten, wo beide jede Kurve, jedes Härchen am Körper des Anderen untersuchen wie eine „frischgebackene" Mutter, die von jedem Detail am Körper ihres Kindes fasziniert ist? Erinnerst du dich?

Wir lieben dieses Stadium einer Liebesbeziehung. Wir wollen verschmelzen und ineinander aufgehen. Sehr wahrscheinlich versuchen wir, diese Zeit des Honeymoons festzuhalten und sind untröstlich, wenn sich die Energie wandelt.

Manche von uns haben Probleme mit dem Verschmelzen. Wir fühlen uns überwältigt, vereinnahmt. Wir wollen eine Beziehung, aber wir wollen auch unseren Raum. Die Auflösung unserer Grenzen bedroht uns und wir finden einen Weg, unser Getrenntsein aufrecht zu erhalten. Beide Reaktionen beruhen auf unserer ersten Beziehungserfahrung – der Beziehung mit unserer Mutter.

Die Übung

Schau dir an, wie du auf die frühen Verliebtheitsstadien einer romantischen oder intimen Beziehung reagiert hast. Bedroht dich dieses Stadium oder versuchst du es festzuhalten?

Manche Menschen verlieben sich in das Verliebtsein. Es kann sein, dass sie als Kinder nicht genug Verschmelzung erfahren haben und so versuchen sie jetzt, die Verschmelzung nachzuholen, indem sie von einer Verliebtheit zur nächsten wechseln und auf diese Weise immer wieder diese erste Phase einer Liebesbeziehung erleben können. Ihre Seele versucht das unerfüllte Verschmelzungsbedürfnis in der Kindheit zu heilen. Wie ist das bei dir? Schreibe deine Beobachtungen in dein Tagebuch.

Die Kämpfe des Kindes geben ihm innere Stärke

Die Betrachtung

Ebenso, wie wir aufgrund der frühen Interaktionen mit unseren Eltern negative Muster entwickeln können, die wir auf unsere Beziehungen als Erwachsene übertragen, haben wir in jenen frühen Beziehungen auch positive Ressourcen entwickelt, die in unseren späteren Beziehungen von Vorteil für uns sind.

Das eher negative Muster, unseren Eltern helfen zu wollen, damit sie für uns Kinder da sein konnten, kann später zu der Fähigkeit werden, den Anderen in der Beziehung zu unterstützen. Wenn wir zu schnell erwachsen werden mussten, weil unsere Eltern nicht für uns da waren, können wir die Fähigkeit entwickelt haben, autonom und unabhängig zu sein. Wenn wir unsere Kindheit opfern mussten, um uns um unsere Geschwister zu kümmern, habe wir vielleicht ein Verantwortungsgefühl entwickelt, das uns in unserem Leben als Erwachsene gute Dienste leistet.

Das schmerzhafte Muster, das entsteht, wenn unsere Eltern uns ausnutzten, um ihre „Erwachsenen-Bedürfnisse" nach einem Gegenüber zu befriedigen, kann sich zu der Fähigkeit entwickeln, gut zuhören zu können. Viele Therapeuten sind zu guten Zuhörern geworden, weil sie sich die Probleme ihrer Eltern anhören mussten. Obwohl es für ein Kind schwer sein kann, den Problemen seiner Eltern zu lauschen, ist die Fähigkeit, gut zuzuhören, von Vorteil in jeder „Erwachsenen-Beziehung" – nicht nur in romantischen Beziehungen. Der Theologe Paul Tillich sagte: „Zuhören ist die erste Pflicht der Liebe." Vielleicht haben wir diese Lektion schon auf dem Schoß unserer Mutter gelernt.

38

Das Yin-Yang-Symbol erinnert uns daran, dass nichts ganz weiß oder ganz schwarz ist. Neben den Wunden haben wir auch Ressourcen aus unserer Kindheit mitgebracht. Wenn wir genauer hinsehen, entdecken wir oft, dass unsere gegenwärtigen Ressourcen aus unseren vergangenen Wunden entstanden sind.

Die Übung

Mache eine Liste der positiven Eigenschaften, die du in deine Beziehungen als Erwachsener mitbringst. Wo liegt der Ursprung dieser Ressourcen? Wie hast du sie entwickelt? Wie unterstützen diese Ressourcen die Qualität deiner jetzigen Beziehungen? Denk daran, für alle Gefühle oder Empfindungen offen zu bleiben, die bei dieser Untersuchung auftauchen.
Schreibe deine Entdeckungen in dein Tagebuch.

VI.

DIE MACHT DES UNBEWUSSTEN

Bewusst oder unbewusst

Die Betrachtung

Wir schauen uns die vielen Möglichkeiten an, wie die Strukturen unserer Psyche unser Herz einschränken und sich auf unsere Beziehungen auswirken. Um diese Erfahrung zu vertiefen, kann es hilfreich sein, sich mit einigen psychologischen Erkenntnissen über die Funktionsweise unseres Geistes vertraut zu machen.

Stellen wir zunächst klar, was wir mit dem bewussten und dem unbewussten Geist meinen. Es ist sehr einfach. Der bewusste Anteil der Psyche enthält alles, was wir wissen – all die Dinge in uns und um uns, derer wir uns bewusst sind. Der unbewusste Anteil der Psyche enthält alles, was uns derzeit nicht bewusst ist. Das Unbewusste macht einen viel größeren Teil unserer Ganzheit aus als das Bewusste. Sein Einfluss ist viel stärker.

Das Unbewusste bestimmt die meisten unserer Handlungen und Entscheidungen und formt damit unser Leben. Es ist der Boss. Wir denken eine Sache und tun eine andere. Ungeachtet, was der bewusste Geist sagt – ungeachtet unserer guten Ideen, Absichten und positiven Affirmationen – entspringen die Entscheidungen, die wir fällen, einem viel tieferen Anteil unserer selbst als der äußere, bewusste Geist. Was können wir also tun?

Es gibt viele Möglichkeiten, einige Inhalte unseres Unbewussten kennen zu lernen. Hypnose ist eine klassische Methode. Wenn uns eine so genannte „Freudsche Fehlleistung" unterläuft – etwa ein Versprecher – können wir einen Blick in unser Unbewusstes erhaschen. Mithilfe dieses Buches schauen wir uns unsere Muster an, um zu entdecken, was unbewusst unsere Beziehungen und unser Leben beeinflusst. Indem wir

39

unsere Muster ansehen und versuchen, ihren Ursprung zu erforschen, können wir eine Menge über unser Unbewusstes entdecken. Eine solche Untersuchung hat etwas Magisches: Sobald wir die unbewussten Strukturen ins Bewusstsein bringen, lösen sie sich auf. Und wenn sie sich auflösen, entstehen mehr Freiheit und mehr Raum für unser wahres Wesen.

Die Übung

Denk an eine Zeit zurück, in der du etwas über einen Menschen oder seine Handlungen gedacht hattest, das sich später als falsch erwies. Wie viele solcher Beispiele fallen dir ein? Schreibe sie in dein Tagebuch.

Projektion

Die Betrachtung

Das erste Grundkonzept der Psychologie, das wir uns ansehen wollen, wird als Projektion bezeichnet. Eine Projektion ist der psychologische Prozess, in dem wir unsere unbewusste innere Dynamik auf unsere Erfahrung der äußeren Realität oder auf die Menschen in unserem Umfeld übertragen.

Aufgrund des Projektionsprozesses sehen wir die Welt und die Menschen um uns herum nicht unbedingt so, wie sie wirklich sind. Stattdessen kann das, was wir sehen und erfahren, eine Reflektion unserer inneren Dynamik sein, die wir nach außen auf unser Umfeld projizieren wie einen Film, der auf eine Leinwand projiziert wird. Die äußere Realität wird zur Leinwand für eine innere Dynamik oder Eigenschaft, die uns unbewusst ist.

Wenn du zum Beispiel findest, dass ein Mensch in deinem Umfeld wirklich egoistisch ist, muss diese Wahrnehmung nicht unbedingt der Wahrheit entsprechen. Du kannst derjenige sein, der egoistisch ist und diese Eigenschaft in dem anderen sieht, weil er sie nicht in sich selbst erkennt.

Normalerweise projizierst du Anteile deiner selbst, die du nicht gesehen hast, die unbewusst sind und für die du noch keine Verantwortung übernommen hast.

Es liegt viel Weisheit in der Beobachtung, dass drei Finger auf dich zurückzeigen, wenn du mit dem Finger auf andere zeigst – probier es aus. Diese einfache Geste gibt dir mehr Hinweise auf dein Inneres als viele andere Techniken.

Die Übung

Schau dir deine Notizen zu der letzten Übung an. Gibt es Gemeinsamkeiten bei den Urteilen, die du über andere gefällt hast und die sich später als falsch erwiesen hatten? Wenn du dir die Gemeinsamkeiten anschaust, sieh, ob dieselben Ureile auf dich selbst zutreffen könnten. Kann es sein, dass du irgendwelche unbewussten Urteile über dich selbst projiziert hast?

Wenn die Vergangenheit die Gegenwart behindert

Die Betrachtung

Manchmal sind unsere Projektionen so stark, dass der Mensch, der vor uns steht, keine Chance hat. Wir sind uns sicher, mit unserer Meinung über ihn recht zu haben. Wir haben keinen Zweifel, dass er so ist wie wir ihn sehen. Wir stellen unser Urteil über den anderen nicht einmal in Frage, weil wir uns sicher sind, die Wahrheit über ihn zu wissen.

Wir können von einer Freundin glauben, dass sie alle Männer hasst, wenn wir in Wirklichkeit unserem Vater nicht dafür vergeben haben, unsere Familie verlassen zu haben, als wir klein waren. Wir beschuldigen unsere Stiefmutter, Besitz ergreifend zu sein. Dabei sind wir selbst nicht bereit, die Aufmerksamkeit unseres Ehemanns mit anderen zu teilen. Wir sind uns sicher, dass unsere Kollegin eine Klatschbase ist – und empfinden selbst eine Art Genugtuung dabei, das jedem zu erzählen. Wir glauben, unser Chef sei faul – er zwingt uns, Überstunden zu machen, wo wir doch längst zuhause entspannen könnten. Wir machen uns Sorgen, dass unser Partner anderen Frauen nachschaut, denken aber selbst an unseren früheren Freund.

Eine Möglichkeit, Projektionen aufzudecken, liegt darin, zu sehen, welche Muster in unseren Beziehungen immer wieder auftauchen – besonders die Dinge, die uns scheinbar zum Opfer machen. Fühlen wir uns ständig verraten? Dann können wir nachsehen, wie wir uns selbst oder einen nahen Menschen immer wieder verraten. Wenn wir das Gefühl haben, belogen zu werden, können wir nachprüfen, wo wir uns selbst belügen. Wenn wir finden, dass die anderen zuviel von uns fordern, können wir erforschen, ob und wie wir uns selbst zuviel abverlangen.

Das Gefühl, verraten zu werden, ist ein häufiges Thema in intimen Beziehungen. Aber wir haben alle unser wahres Wesen tausendfach verraten, indem wir an unser Ego glauben. Vielleicht projizieren wir diesen grundlegenden Verrat auf die äußere Realität.

Die Übung

Schau, welche Urteile anderer Menschen dich am meisten emotional verletzt haben. Welche Handlungen eines anderen geben dir ständig das Gefühl, ein Opfer zu sein? Dann schau, ob es eine Möglichkeit gibt, dass du projiziert hast.

Den inneren Kritiker projizieren

Die Betrachtung

Das Wahre in dir bleibt immer deins und kann nie verschwinden. Nur was falsch ist, kann sich auflösen. Wir haben uns unsere Projektionen angeschaut, damit sie sich auflösen können und wir die Menschen in unseren Beziehungen objektiv sehen, anstatt durch den Filter unserer Projektionen zu schauen.

Wir fürchten uns vielleicht, unsere innere Welt zu erforschen, weil wir Angst haben, Dinge zu finden, die wir nicht sehen wollen. Genauso fürchten wir uns vielleicht auch davor, unsere Urteile zu betrachten, weil wir irgendwie Angst haben, sie könnten stimmen. Manchmal projizieren wir unseren inneren Kritiker auf die Menschen in unserem Umfeld. Wir beurteilen nicht uns selbst, sondern sie. Der innere Kritiker kann ziemlich bösartig sein – mit seinen Urteilen über uns selbst ebenso wie mit den Urteilen über andere.

Wir beurteilen andere genauso wie uns selbst, unsere Worte und unsere Handlungen, und finden sie gut oder schlecht. Wenn wir unseren inneren Kritiker auf einen Menschen in unserem Umfeld projizieren und ihn beurteilen, sehen wir denjenigen meistens nicht klar. Wir sehen die Projektion unseres inneren Kritikers. In unseren negativen Urteilen liegt der Ursprung für die Schmerzen in unseren Beziehungen.

Mein Buch *Entfaltung der Seele*[1] ist eine Erforschung des Über-Ichs oder des inneren Kritikers. Wenn du es nicht schon kennst, könnte es dir helfen, es zu lesen.

[1] J. Kamphausen, 2005

Die Übung

Heute geht es darum, zu beobachten, wie du andere kritisierst – in Gedanken oder mit Worten. Wenn du merkst, dass du jemanden kritisierst, frage dich, ob du dasselbe Urteil nicht auch unbewusst über dich selber hegst.

Die Beobachtung, dass ein Mensch musikalisch ist und ein anderer nicht, kann eine gewisse objektive Realität besitzen, und sie enthält dabei kein Urteil über gut oder schlecht. Es ist eine Tatsache – genauso wie die Beobachtung, dass ein Mensch dunkelhaarig ist und ein anderer blond. Wir treffen eine Unterscheidung, fällen aber kein Urteil. Wenn wir Urteile über uns selbst oder andere fällen, bei denen es um richtig oder falsch, gut oder schlecht geht, ist der innere Kritiker am Werk, den wir dann auf andere projizieren.

Wie wir andere sehen

Die Betrachtung

Lass uns verschiedene Möglichkeiten betrachten, wie wir unseren inneren Kritiker auf die Menschen um uns herum projizieren. Dass wir sie nach ihrem Aussehen beurteilen, ist keine Überraschung. Doch unser innere Kritiker fällt seine Urteile auf viele Arten.

Wir stecken die Menschen in Schubladen. Wir glauben zu wissen, wer sie sind und verpassen ihnen ein Etikett – zum Beispiel *Feind* oder *Freund.* Oder wir bezeichnen sie als nett, egoistisch, freundlich oder ärgerlich. Was uns hier wirklich interessiert, ist die Tatsache, dass wir andere kategorisieren. Wir entscheiden, wer sie sind und gehen dann mit ihnen um, als entsprächen sie dem Etikett auf der Schublade, in die wir sie gesteckt haben. Wir erkennen nicht, dass wir alle Aspekte des Göttlichen sind, das sich als dynamische Wesen im Prozess der Entfaltung manifestiert.

Du glaubst vielleicht nicht, dass du projizierst. Das kann so sein, aber der Projektionsmechanismus ist häufig sehr subtil und schwer zu erkennen. Allgemein gesprochen: Wenn wir uns entschieden haben, dass jemand okay ist, macht es uns nichts aus, wenn er sich närrisch verhält. Und wenn wir uns entschieden haben, dass jemand nicht okay ist, kann er sich wunderbar verhalten – wir öffnen ihm trotzdem nicht unser Herz.

Die Schwierigkeit ist, dass wir glauben, unsere Einschätzung sage etwas über den anderen aus. Deshalb ist es nützlich, unsere Etiketten von Zeit zu Zeit in Frage zu stellen. Wir sollten sehen, ob wir offen dafür sind, dass sich die Menschen in unserem Umfeld in einem neuen Licht zeigen könnten. Wir könnten ihnen die Chance geben, uns zu überraschen!

43

Die Übung

Denke einmal darüber nach, welche Kategorien du den Menschen in deinem Leben zugewiesen hast. Lass sie im Geist an dir vorbeiziehen und schau, wer für dich okay ist und wer nicht.

Es geht nicht darum, dass du jeden Menschen mögen solltest. Es ist natürlich, Vorlieben zu haben. Aber weil wir die Etiketten meistens unbewusst verteilen, mag es uns nicht einmal bewusst sein, dass wir viele Menschen in Schubladen gesteckt und ihnen unser Herz verschlossen haben.

Mit Etiketten leben

Die Betrachtung

In der vorherigen Betrachtung haben wir uns angesehen, wie wir die Menschen beurteilen und dass wir ihnen nicht wirklich eine Chance geben. Wir sagen „er ist ein Langweiler" oder „sie ist oberflächlich" und schränken damit die Möglichkeiten dieser Menschen auf eine Kategorie ein, die nicht alle Aspekte von ihnen umfasst. Es gibt natürlich einige Menschen, mit denen wir gerne zusammen sind. Worauf ich hier aber hinweisen möchte, ist unsere Tendenz, manche Menschen von vornherein auszugrenzen, weil wir zu wissen glauben, wie sie sind. Wie können wir wissen, wie jemand ist, wenn wir uns nicht einmal selbst kennen?

Wir erforschen jetzt die Idee, dass wir den Menschen, die wir beurteilen, einen schlechten Dienst erweisen. Wir sehen sie nicht länger in ihrer Ganzheit. Oft verschließen wir uns der Möglichkeit, sie auf uns wirken zu lassen. Wie haben ihnen quasi ihre Wahlmöglichkeit entzogen und tun so, als hätten sie nichts zu bieten und als könnten wir nichts von ihnen lernen. Wir tun so, als wüssten wir, wie das Göttliche unsere Entfaltung fördern will und wer für unser Wachstum ausgewählt wird.

Es ist so erfrischend, wenn jemand, den wir zu kennen glauben, uns damit überrascht, dass er nicht in die Schublade passt, die wir ihm zugewiesen haben. Wir dürfen ihn ganz neu betrachten. Vielleicht könnten wir die Leute neu betrachten, ohne darauf zu warten, dass sie uns überraschen? Vielleicht könnten wir den Menschen mit einem „Anfängergeist" begegnen und vergessen, dass wir schon zu wissen glauben, wer sie sind und wie sie sich auf unser Leben auswirken könnten.

44

Die Übung

Nimm ein Blatt Papier und schreibe die Namen von 10 Menschen auf, mit denen du jede Woche zu tun hast. Hinter jeden Namen schreibe die Worte: „Er (oder sie) ist..." und vervollkommne den Satz. Versuche nicht heilig zu sein, wenn du diese Übung machst. Antworte einfach so spontan wie du kannst. Du willst deine unbewussten Etiketten aufspüren und es dient der Übung nicht, wenn du deine Antworten zensierst.

Was für Etiketten hast du den Menschen in deinem Umfeld verliehen? Sind deine Einordnungen stimmig? Wie wirken sich die Etiketten, die du den Menschen verliehen hast, auf eure Begegnungen aus? Was machen sie mit deinem Herzen?

Jenseits von Mutter und Vater

Die Betrachtung

Unsere erste tiefe Beziehung zum anderen Geschlecht haben wir mit unserer Mutter oder unserem Vater. Es ist daher nur natürlich, dass die Nähe einer Liebesbeziehung manche alten Gefühle aus unserer ersten Beziehung zum Vorschein bringt. Die meisten Menschen haben schon einmal das Gefühl gehabt, ihr Partner spräche mit seiner Mutter oder seinem Vater und nicht mit ihnen. Es braucht viel Reife und Selbsterkenntnis, diese häufig auftauchende Falle zu umgehen und den Partner nicht genauso zu sehen, wie wir unsere Eltern oder Versorger gesehen haben.

Wir brauchen ein gutes Unterscheidungsvermögen, um sehen zu können, ob wir einen Partner gewählt haben, der wie einer unserer Eltern ist, oder ob wir diesen Elternteil auf unseren Partner projizieren. Manchmal heiraten wir unsere Eltern. Oder wir heiraten einen Menschen, der uns – im Guten wie im Schlechten – dasselbe Gefühl gibt, das wir mit unseren Eltern hatten. Wenn ein Elternteil herablassend war und wir uns klein und unzulänglich fühlten, tun wir uns vielleicht mit jemandem zusammen, der uns dasselbe Gefühl gibt. Oder wir fühlen uns so, weil wir unsere Gefühle für unsere Eltern auf unseren Partner übertragen oder ihn durch den Filter unserer Projektionen sehen.

Du siehst, es ist nicht leicht, herauszufinden, was wirklich in unseren engsten Beziehungen vor sich geht. Doch wenn wir projizieren, sollte uns klar werden, dass sich die Dynamik nicht dadurch verändert, dass wir den Partner wechseln. Wir nehmen unsere Projektionen mit in die nächste Beziehung.

Die Übung

Lass deine Beziehungsgeschichte Revue passieren und schau, ob du irgendetwas aus der heutigen Betrachtung bei dir wieder erkennst. Wenn du in einer Beziehung bist und herausfinden willst, ob du einen Elternteil auf deinen Partner projizierst, kannst du aufschreiben, auf welche Weise er oder sie dich an deinen Vater oder deine Mutter erinnert.

Wenn du die Liste erstellt hast, kannst du deinen Gegenüber fragen, ob er oder sie die aufgelisteten Eigenschaften in sich kennt. Stimmt dein Partner mit deiner Einschätzung seiner Eigenschaften überein? Ihr könntet jeder eine Liste aufstellen und euch dann die Zeit nehmen, eure Listen miteinander durchzugehen und auf ihren Realitätsgrad hin zu untersuchen. Es ist klar, dass diese Übung Reife und Offenheit verlangt.

Vier Menschen in einem Bett

Die Betrachtung

Es heißt, dass in jedem Ehebett mindestens vier Menschen liegen. Der Ehemann kann seine Mutter auf seine Frau projizieren und die Ehefrau ihren Vater auf ihren Mann. Es ist auch möglich, in einer gleichgeschlechtlichen Beziehung den gleichgeschlechtlichen Elternteil auf den Partner zu projizieren. Es wird eng im Bett.

Wenn wir unsere Mutter oder unseren Vater auf unseren Partner projizieren, kann das ernste Auswirkungen auf unser Sexualleben haben. Wir alle kennen den Ödipuskomplex, bei dem der Junge seine Mutter begehrt, sowie den Elektrakomplex bei Mädchen und ihren Vätern. Wir wissen, dass Kinder sich im Allgemeinen vom gegengeschlechtlichen Elternteil angezogen fühlen. Wir wissen auch, dass Sex mit den Eltern ein Tabu ist.

Wenn wir unsere Eltern auf unseren Beziehungspartner projizieren, leben wir vielleicht die sexuelle Anziehung aus, die wir einst für unsere Eltern empfanden. Sieht eine Frau ihren Mann zum Beispiel durch den Filter ihrer Erfahrungen mit ihrem Vater, kann das die Leidenschaft in der Ehe dämpfen. Sie fühlt sich sicher, sie fühlt sich beschützt, aber sie wird wohl kaum tiefe Leidenschaft verspüren. Das wäre tabu.

Dasselbe gilt für einen Mann, der seine Mutter auf seine Frau projiziert. Diese Dynamik kann zu der typischen Spaltung zwischen der Madonna und der Hure führen: Der Mann idealisiert seine Frau, weil er seine Mutter auf sie projiziert. Sie wird zur Madonna, und er zum göttlichen Kind. Wenn er seine Frau durch diesen Filter sieht, kann er keinen leidenschaftlichen Sex mehr mit ihr haben, sondern muss seine sexuellen Gefühle, die für die Mutter nicht angemessen sind, anderweitig ausdrücken.

Er muss eine (professionelle oder sonstige) Hure finden, mit der er sexuell sein kann. Diese Spaltung findet man häufig in südlichen Kulturen, in denen die Rolle der Mutter oft idealisiert wird.

Die Übung

Heute bist du gefordert, genauer hinzufühlen. Lass die obige Betrachtung in dir arbeiten, während du durch den Tag gehst. Lass deine vergangenen und gegenwärtigen intimen Beziehungen Revue passieren und sieh, ob irgendeine Resonanz mit der obigen Betrachtung besteht. Schreibe deine Beobachtungen in dein Tagebuch.

Unsere Projektionen zurücknehmen

Die Betrachtung

Es ist nicht leicht, seine Projektionen „anzunehmen". Es braucht Mut. Die vorige Übung war ein Schritt, um unsere Projektionen zurückzunehmen. Es braucht Mut, anzuerkennen, dass wir genau die Dinge in uns tragen, die wir an anderen verurteilen. Mut ist eine Herzensqualität. Es braucht Mut, das Herz zu öffnen.

Wir können unseren Widerstand gegen das Zurücknehmen von Projektionen verstehen, wenn wir den Projektionsprozess als unbewusste Abwehr dagegen erkennen, uns selbst klar zu sehen. Solange wir uns nicht objektiv sehen, können wir unser falsches Selbstbild aufrechterhalten. Der Preis kann jedoch sein, dass wir die Menschen um uns herum auch nicht akkurat sehen. Wir sehen sie durch den Filter unserer Projektionen. Wie können wir eine authentische Liebesbeziehung mit einem Menschen haben, den wir nicht klar sehen?

Wenn wir projizieren, können wir das unter anderem daran sehen, dass wir in unseren Urteilen über andere sehr selbstgerecht werden. Wir verfechten energisch, wie sehr wir im Recht sind und der andere im Unrecht. Das ist ein guter Hinweis darauf, dass wir in dem anderen etwas sehen, das wir nicht in uns sehen wollen. Die Struktur in unserer eigenen Psyche kann sich von dem, was wir im anderen sehen, geringfügig unterscheiden, aber wenn unserer Urteile „aufgeladen" sind, können wir sicher sein, dass der andere etwas in uns angerührt hat, das wir lieber nicht sehen wollen.

Sobald wir Verantwortung für unsere abgelehnten Themen übernehmen und Anteile integrieren, die wir zuvor auf andere projiziert hatten, erweitert sich unsere Erfahrung unserer selbst: „Ja, das bin ich auch.“ Wenn wir das sagen können, erweitert sich unsere Seinserfahrung und die Art und Weise, wie wir die Menschen in unserem Umfeld wahrnehmen. Sie verlagert sich. Wir beginnen klar zu sehen.

Die Übung:

Wenn du bemerkst, dass du ein negatives Urteil über einen anderen Menschen hegst, frage dich: „Gilt dasselbe für mich?“ Diese Übung ist es wert, wiederholt zu werden. Vielleicht wird deine Arbeit an den Projektionen weitere Informationen über deine unbewussten Inhalte zutage fördern. Am Ende des Tages schreibe in dein Tagebuch, was du über dich selbst entdeckt hast.

Positive Projektionen

Die Betrachtung

Die Zurücknahme von Projektionen ist eine nützliche Übung, um zu der Wahrheit dessen zu erwachen, der wir wirklich sind. In unseren Beziehungen gibt es endlose Möglichkeiten für diesen Prozess. Das ist eines der Geschenke, die Beziehungen mit sich bringen – wir entdecken uns selbst darin, wie wir mit dem anderen umgehen.

Wir haben gesehen, dass das, was wir auf andere und die Welt projizieren, unser eigenes unbewusstes Material ist. Wir haben jetzt ein Gefühl dafür, wie wir eine Eigenschaft in uns, die wir unbewusst verurteilen, auf die Leinwand der äußeren Realität projizieren können. Wir können vielleicht auch sehen, dass diese Eigenschaften etwas in uns selbst sein können, was wir nicht anerkennen oder annehmen wollen. Sie stellen unser Selbstbild in Frage.

Was wir oft viel schwerer sehen können ist die Tatsache, dass wir auch unsere abgelehnten positiven Eigenschaften auf andere projizieren. Wir projizieren unsere Weisheit, unsere Liebe, unsere Brillanz, unser Mitgefühl, unsere Großzügigkeit und vieles mehr. Es ist viel leichter, die positiven Qualitäten eines anderen zu sehen, als sie in uns selbst zu erkennen.

Wir alle kennen Menschen, die sich etwas auf sich einbilden. Davon reden wir hier nicht. Wer andere Menschen davon überzeugen muss, wie großartig er ist, leidet normalerweise unter Minderwertigkeitsgefühlen und versucht sich selbst zu beweisen, dass er okay ist. Worüber wir hier sprechen, ist ein objektives Wissen über unsere positiven Eigenschaften, ein Gefühl für unseren selbstverständlichen Wert, der auf den natürlichen Qualitäten unseres wahren Wesens beruht. Dieses Wissen über unseren Wert entsteht, wenn wir uns sehen, wie wir wirklich sind – und nicht, wie unser innere Kritiker uns sieht.

Die Übung

Achte im Laufe des Tages auf deine positiven Gedanken über die Menschen um dich herum. Dann frage dich: „Wo gilt dasselbe auch für mich?“ Schreibe deine Entdeckungen in dein Tagebuch.

Unsere positiven Eigenschaften akzeptieren

Die Betrachtung

Unsere positiven Qualitäten sind eine viel größere Bedrohung für unser Selbstbild – das ja mit dem Ego verbunden ist – als unsere negativen Qualitäten. Weisheit, Mitgefühl, Liebe, Stärke und viele andere positive Eigenschaften sind Teil unseres wahren Wesens, nicht unserer Egostrukturen. Die Annahme unserer positiven Eigenschaften kann unser Selbstbild deshalb viel stärker bedrohen als die Annahme unserer so genannten negativen Eigenschaften. Wenn wir uns mit unserer wahren Natur zu identifizieren beginnen, verliert das Ego seine Macht über uns.

Wir neigen dazu, manche Qualitäten der wahren Natur fälschlich als maskulin oder feminin anzusehen. Wir können Mitgefühl zum Beispiel als feminin betrachten und auf weibliche Gestalten wie Mutter Theresa, die Jungfrau Maria oder die Göttin Kuan Yin projizieren.

Manchmal halten Frauen die Qualität der Brillanz – ein „genialer Kopf" zu sein – für maskulin und projizieren sie auf ihren Vater oder ihren Chef. Der Stereotyp der „hilflosen kleinen Frau" oder der „dummen Blondine" nährt das Missverständnis, Brillanz sei keine weibliche Eigenschaft. Wenn der Vater als derjenige gesehen wurde, der in der Familie für die Brillanz zuständig war, kann es den kindlichen Aspekten unserer Psyche vorkommen, als würden wir den Vater verlieren, wenn wir unsere eigene Brillanz annehmen. Das kann sehr bedrohlich erscheinen, besonders, wenn der Vater ein Hort der Sicherheit war. Die Anteile in uns, die immer noch mit dem kleinen Kind identifiziert sind, das wir einst waren, wollen lieber darauf verzichten, klug zu sein, als den Vater zu verlieren.

49

Damit sich die kindlichen Anteile unserer Psyche sicher und glücklich fühlen, leugnen wir unsere Brillanz.

Auf die gleiche Weise können wir unsere positiven Qualitäten auf spirituelle Lehrer, Gurus oder andere religiöse oder historische Figuren projizieren. Es ist viel leichter, die Weisheit des Lehrers zu sehen als die eigene.

Die Übung

Welche Komplimente oder Würdigungen kannst du besonders schwer annehmen? Wofür wirst du am meisten gelobt und was ist deine innere, stille Reaktion auf dieses Lob?

Schreibe deine Beobachtungen in dein Tagebuch.

Unsere tiefste Angst

Die Betrachtung

Wir haben darüber gesprochen, wie wir unsere positiven ebenso wie unsere negativen Qualitäten auf andere Menschen projizieren, und wir haben festgestellt, dass es leichter sein kann, negative Projektionen zurückzunehmen als unsere eigenen großartigen Eigenschaften anzunehmen.

Das folgende Zitat illustriert diesen Punkt. Es wird Nelson Mandela zugeschrieben. Meine Übersetzerin und Freundin Christine Bolam hat es auch in ihrem Buch *Einladung zum Glück*[2] zitiert und einige interessante Dinge über unsere Tendenz gesagt, uns selbst abzuwerten.

Unsere tiefste Angst

Unsere tiefste Angst ist es nicht, dass wir ungenügend sind.

Unsere tiefste Angst ist es, unermesslich kraftvoll zu sein.

Es ist unser Licht, nicht unsere Dunkelheit, was uns am meisten Angst macht.

Wir fragen uns: „Wer bin ich überhaupt, mich brillant, großartig, talentiert, fantastisch zu nennen?"

Aber wer bist du, dich nicht so zu nennen?

Du bist ein Kind Gottes. Dich klein zu halten, dient nicht der Welt.

[2] J. Kamphausen, 2003

Wir sind alle bestimmt zu leuchten, wie es Kinder tun.

Wir sind geboren worden, um den Glanz Gottes, der in uns ist, zu manifestieren.

Er ist nicht nur in einigen von uns, er ist in jedem Einzelnen.

Und wenn wir unser eigenes Licht erscheinen lassen, geben wir unbewusst anderen Menschen die Erlaubnis, dasselbe zu tun.

Wenn wir von unserer eigenen Angst befreit sind, befreit unsere Gegenwart automatisch andere.

Die Übung:

Die heutige Übung besteht darin, einen Liebesbrief an dich selbst zu schreiben. Erkenne in diesem Brief alle Qualitäten an, die du an dir selbst liebst. Lass deine Worte aus der Tiefe deiner Seele kommen. Schau dir ehrlich an, was einzigartig und liebenswert an dir ist. Achte beim Schreiben darauf, wann und wie die Stimme des inneren Richters und Kritikers protestiert. Schau, wie sich diese Stimme auf dein Gefühl für dich selbst auswirkt. Versuche, nicht auf die Stimme hereinzufallen, die deine liebevollen Worte an dich selbst negieren will.

Übertragungen

Die Betrachtung

Wir haben uns den psychologischen Mechanismus der Projektion angesehen. Eine Projektion ist der Prozess, bei dem wir etwas aus unserem Inneren auf die Leinwand der äußeren Realität projizieren.

Eine Übertragung ist etwas Ähnliches. Hier übertragen wir unsere Reaktion auf etwas oder jemanden in der Vergangenheit auf etwas oder jemanden in der Gegenwart. Wir verlagern eine häufig unbewusste oder unterdrückte Emotion aus der Vergangenheit auf eine gegenwärtige Erfahrung.

Zum Beispiel gab es für dich als Kind vielleicht Gründe, deine Mutter zu hassen, aber um zu überleben, konntest du es nicht zulassen. Es war einfach zu gefährlich, den Menschen zu hassen, von dem dein Leben abhing. Die gefährliche Emotion, deine Mutter zu hassen, musste unterdrückt und in den unbewussten Teil deiner Psyche verlagert werden. Doch immer, wenn du es als Erwachsener mit einer Frau in einer Autoritätsposition zu tun hast, hegst du einen unbewussten Groll gegen sie. Du überträgst deine unbewusste Reaktion auf deine Mutter auf jede Frau in einer Autoritätsposition.

War mein Vater aggressiv und ausfallend, kann es sein, dass ich unbewusst dasselbe von allen Männern erwarte. Übertragungen können als Abwehr verstanden werden. Der Verstand versucht die Erinnerung an vergangenen Schmerz zu benutzen, um uns vor neuerlichen Verletzungen zu warnen. Auf dieselbe Weise haben wir gelernt, dass ein heißer Ofen uns verbrennen kann. Der Verstand überträgt diesen Mechanismus auch auf Menschen.

Die Übung

Blicke zurück auf deine Vergangenheit und schau, ob die heutige Betrachtung auf irgendwelche Erfahrungen passt, die du früher einmal gemacht hast. Gab es Zeiten, in denen du Emotionen aus der Vergangenheit auf einen Menschen oder ein Ereignis in der Gegenwart übertragen hast?

Gibt es Menschen, auf die du ohne offensichtliche Gründe negativ reagierst? Schreibe deine Gedanken über deine möglichen Übertragungserfahrungen in dein Tagebuch.

Irrationale Ängste aus der Vergangenheit

Die Betrachtung

In den 1970er Jahren war das EST-Training sehr populär. Sein Begründer, Werner Erhard, prägte den Begriff „früher, ähnlich", um Übertragungen zu beschreiben. Dieser Begriff kann hilfreich für dich sein. Werner Erhard sagte, wenn eine gegenwärtige Situation uns an ein früheres Ereignis aus unserem Leben erinnert, reagieren wir häufig nicht auf unsere gegenwärtige Lage, sondern auf das frühere Ereignis. Schauen wir uns einmal an, wie solche „früheren, ähnlichen" Erfahrungen zu gegenwärtigen Ängsten führen können.

Sagen wir, deine Partnerin wird in einem Streit sehr laut. Das kann dich unbewusst in eine frühere Erfahrung zurückwerfen, bei der deine Eltern dich angeschrieen haben. Das Geschrei deiner Partnerin gleicht für dich den Vorwürfen deiner Eltern, und es kann sein, dass du genauso auf sie reagierst, wie damals auf deine Eltern: Die Angst, die du empfinden kannst, steht in keinem Verhältnis zu deiner gegenwärtigen Realität. Mit anderen Worten, wenn deine Partnerin ihre Stimme hebt, kannst du dich plötzlich wie ein hilfloses Kind fühlen. Du hattest Angst, als deine Eltern dich anschrieen, und als Erwachsener reagierst du ebenfalls mit Angst, wenn deine Partnerin oder jemand anders dich anschreit – obwohl du kein Kind mehr bist.

Vielleicht musstest du als Kind ins Krankenhaus und wurdest deiner Mutter weggenommen, als du noch nicht reif dafür warst. Das kann zu einer Angst vor Krankenhäusern führen, die nicht in der Realität wurzelt, sondern in der Vergangenheit. Oder das „früher, ähnlich" kann in einer irrationalen Angst bestehen, deine wichtigste Bezugsperson auch nur für kurze

Zeit zu verlassen. Die simple Tatsache, kurz von dem wichtigsten Menschen in deinem Leben entfernt zu sein, kann genug sein, um eine frühe Reaktion aus der Kindheit auszulösen. Sie basiert womöglich auf Emotionen, die entstanden sind, als du deine Mutter verlassen musstest und die du damals noch nicht verstehen und verarbeiten konntest.

Die Übung

Schau, ob die heutige Betrachtung irgendwelche Erfahrungen erklärt, die du kennst. Hast du je auf eine Weise auf ein gegenwärtiges Ereignis reagiert, die in keinem Verhältnis zu dem eigentlichen Geschehnis stand?

Wenn du dich an eine derartige Reaktion erinnerst, schau, ob du herausfinden kannst, auf welches Ereignis aus deiner Geschichte sich deine Reaktion beziehen könnte. Schreibe deine Beobachtungen in dein Tagebuch.

VII.

SEHEN,
WAS NICHT
DA IST

Idealisierungen

Die Betrachtung

Wir haben gesehen, dass wir unsere innere Dynamik auf die Menschen in unserem Umfeld projizieren können und sie deshalb möglicherweise nicht sehen, wie sie sind. Wir haben auch gesehen, dass wir die Gefühle, die wir für einen Menschen empfinden, auf einen anderen übertragen können. In beiden Fällen beziehen wir uns nicht wirklich auf den Menschen, mit dem wir gegenwärtig in Kontakt sind, sondern durch ihn auf jemand anderen.

Eine weitere Möglichkeit, wie unsere Erfahrung der Menschen in unserem Umfeld von unserer Psychologie verzerrt werden kann, wird als Idealisierung bezeichnet. Auch bei einer Idealisierung sehen wir den Menschen vor uns nicht so, wie er wirklich ist. Wir sehen vielleicht nur seine guten oder bewundernswerten Eigenschaften, erkennen aber nicht, dass er ebenso wie wir seine Grenzen und Schwierigkeiten hat.

Die Menschen idealisieren politische oder religiöse Vorbilder. Manche glauben, der Präsident ihres Landes könne keine Fehler machen, oder Heilige wären immer heilig. Das ist eine sehr naive Sicht der Realität. Wenn wir klein sind, ist es wichtig, unsere Eltern als gute Menschen zu sehen – unser Leben liegt in ihren Händen. Unsere Eltern waren für alles verantwortlich. Sie ließen Essen erscheinen, wechselten unsere Windeln und sorgten für unser Wohlergehen – sie kontrollierten unsere Welt. Kein Wunder, dass wir sie als so etwas wie Götter betrachteten. Es hätte uns zuviel Angst gemacht, zu erkennen, dass unsere Eltern neben ihren guten Seiten auch Eigenschaften oder Begrenzungen hatten, die es schwer für uns machten.

Es braucht eine reife Seele, um zu verstehen, dass der Charakter eines jeden Menschen positive und negative Anteile enthält. Es braucht Reife, einen Menschen zu lieben, auch wenn er oder sie nicht perfekt ist. Es braucht Zeit, zu dem Verständnis zu kommen, dass ein Mensch nicht durch und durch gut sein muss, damit wir ihn lieben können. Und auch wir müssen nicht perfekt sein, um geliebt zu werden.

Die Übung

Schau, ob es Menschen in deiner Vergangenheit gibt, die du unbewusst idealisiert hast. Wie könnte sich diese Idealisierung auf deine gegenwärtigen Beziehungen ausgewirkt haben? Finde heraus, ob der Idealisierungsmechanismus in deinem Leben aktiv ist. Welchem Zweck dient er? Schreibe deine Beobachtungen in dein Tagebuch.

Spaltungen

Die Betrachtung

Es ist eine traurige Wahrheit, dass sich Eltern ihren Kindern gegenüber nicht immer weise und liebevoll verhalten. Viele Kinder, vielleicht sogar du, sind missbraucht worden. Eltern können ihre Kinder sexuell, physisch und emotional missbrauchen. Wenn du einen Missbrauch erlebt hast, ist das Beste, was du für dich tun kannst, eine Therapie mit einem qualifizierten Therapeuten zu machen. Es überschreitet den Rahmen dieses Buches, mit schweren Traumata umzugehen – dafür brauchst du die direkte Arbeit mit einem auf das jeweilige Trauma spezialisierten Experten.

Ich werde nicht sehr tief auf das Phänomen der Spaltung eingehen. Doch für den Fall, dass es für dich wichtig ist, möchte ich es zumindest ansprechen. Das Kleinkind braucht seine Mutter. Sein Überleben ist von ihr abhängig. Deshalb ist es wichtig, dass die Mutter immer Recht hat. Es ist auch wichtig, dass sie gut ist. Das ist eine nötige Bedingung für die Symbiose. Später, wenn das Selbstgefühl des Kindes entwickelt ist, kann es auch Unvollkommenheiten der Mutter ertragen. Das Kind kann sehen, dass die Mutter unvollkommen ist und sie weiterhin lieben.

Es ist wichtig für die geistige Stabilität des Kindes zu glauben, die Eltern seien nur gut. Das macht das Umfeld sicher, und das Kind kann lernen und wachsen. Wenn das Umfeld nicht sicher ist, weil die Eltern das Kind zum Bespiel missbrauchen, muss es trotzdem glauben, sie seien gut. Der kindliche Geist tut das anhand einer Spaltung.

Beim Phänomen der Spaltung nimmt das Kind in sein Bild von der Mutter nur die Momente auf, in denen sie gut ist, um sie weiterhin als gut sehen zu können. Das „schlechte“

Verhalten der Mutter (oder des Vaters) wird unbewusst dem Bild einer „schlechten Mutter" zugeschrieben. So schützt das Kind seine geistige Gesundheit und erfährt die Liebe der „guten Mutter". Das Bild der „schlechten Mutter" wird abgespalten und in einen anderen Teil der Psyche verbannt. Es braucht, wie gesagt, viel Reife, mit der Wahrheit zu leben, dass die Menschen nicht nur absolut gut oder absolut schlecht sind, sondern viele verschiedene Eigenschaften in sich tragen.

Die Übung

Wirf einen ehrlichen Blick auf deine Kindheit und schau, ob es in deiner Geschichte Missbrauchserfahrungen gibt. Wenn ja, könnte eine Therapie empfehlenswert sein. Sieh, ob der Spaltungsmechanismus in deinem Leben aktiv ist oder war. Schreibe alles in dein Tagebuch.

Die Suche nach dem perfekten Partner

Die Betrachtung

In der letzten Betrachtung haben wir festgestellt, dass ein Kleinkind eine gute Mutter braucht, um zu überleben. Es kann nicht mit der Realität leben, dass die Mutter nicht nur gut ist. Die meisten von uns haben unzulängliche Mütter. Aber bei emotionalem oder physischem Missbrauch neigt das Kind dazu, das Bild der guten Mutter in seiner Psyche getrennt zu halten, um zu überleben. Dann existiert auch ein abgespaltenes Bild der schlechten Mutter.

Man kann den Spaltungsprozess beim Erwachsenen zum Beispiel daran erkennen, dass der Betroffene an einen Menschen alle „guten" Projektionen delegiert und an einen anderen alle „schlechten". So kann die Ehefrau zum Beispiel als die „schlechte" und die Geliebte als die „gute" Mutter angesehen werden – bis nach der Scheidung, wenn die neue Ehefrau schon bald zur „schlechten" Mutter wird und die Suche nach der absolut guten Mutter weitergeht.

Spaltungen können die Tendenz mit sich bringen, den Partner zu idealisieren. Der Betroffene versucht damit vielleicht, das Bild der guten Mutter aufrechtzuerhalten. In dieser Phase der Idealisierung werden alle Unvollkommenheiten des Partners ignoriert. Er wird als vollkommen gut gesehen. Irgendwann kann sich diese Idealisierung verlagern. Dann wird der Partner als absolut schlecht gesehen und die Suche nach dem nächsten perfekten Partner kann beginnen. Die gespaltene Sicht kann auch sehr schnell wechseln. Wir können einen Menschen in der einen Minute als gut und in der nächsten als schlecht sehen.

55

Wenn eine frühe Spaltung unbewusst bleibt, kann der Betroffene nicht ertragen oder erkennen, dass jeder Mensch viele verschiedene Eigenschaften hat. Er wird einige Qualitäten vorziehen und andere ablehnen. Die Menschen brauchen nicht perfekt zu sein, damit wir sie lieben können – doch wenn wir als Kleinkinder große Schwierigkeiten mit unserer Mutter hatten, neigen wir dazu, die absolut gute Mutter in Form eines perfekten Partners zu suchen. Klingt das bekannt?

Die Übung

Schau, ob dich die heutige Betrachtung anspricht. Das Bedürfnis, den anderen zu idealisieren, kann in jeder Beziehung auftauchen. Es kann sich mit einem Vorgesetzen oder einem Angestellten zeigen. Es kann sich in der Beziehung zu einem spirituellen Lehrer zeigen. Erkennst du das Muster in deinen eigenen Beziehungen? Kannst du es bis zu deiner frühen Geschichte zurückverfolgen?

Die idealisierten Eltern

Die Betrachtung

Wie schon gesagt, können sich Kinder im Alter von etwa vier Jahren in den gegengeschlechtlichen Elternteil verlieben. Die Ödipusphase ist ein natürliches und normales Stadium der heterosexuellen Entwicklung. In der homosexuellen Entwicklung kann sich die Anziehung – aus welchem Grund auch immer – auf den gleichgeschlechtlichen Elternteil richten. Ist der Betreffende nicht für das Kind da oder abwesend, kann diese natürliche Phase der neu auftauchenden sexuellen Gefühle in beiden Fällen zu einer Idealisierung führen. Das Kind stellt sich vor, wie es wäre, wenn das ersehnte Gegenüber für es da wäre. Es entwickelt eine idealisierte Version des Betreffenden und seiner Beziehung zu ihm. Diese Idealisierung kann später auf andere übertragen werden.

Zum Beispiel können Frauen, deren Vater abwesend war, dazu neigen, Männer zu idealisieren. Sie verlieben sich und glauben, den perfekten Mann gefunden zu haben – den Prinzen, der ihnen endlich all ihre Träume vom Glück erfüllt! In den ersten paar Wochen oder sogar Monaten kann der Mann nichts falsch machen. Jedes Wort, das aus seinem Mund kommt, gleicht einer Perle. Wenn er lächelt, geht die Sonne auf. Doch früher oder später platzt der Traum. Kein Mensch könnte je dem idealisierten Bild entsprechen, das ihm auferlegt wird. Die Beziehung endet, der nächste perfekte Partner wird gesucht und die Idealisierung läuft weiter.

Ein Mann, der glaubt, seine Mutter habe ihn verlassen, kann die Frauen idealisieren. Er verehrt die „Göttin" in ihnen oder idealisiert den Archetyp des Femininen als Ersatz für die Mutter, die ihm fehlte. Diese unbewussten inneren Bilder können es schwer für ihn machen, sich auf eine Frau aus Fleisch und Blut mit ihren eigenen Kämpfen und Unvollkommenheiten einzulassen.

Die Übung

Wie hast du deine Eltern gesehen? Waren sie größer, wichtiger, klüger oder außergewöhnlicher für dich, als sie in Wirklichkeit waren?

Die Idealisierung der Eltern kann nützlich sein, aber wenn wir diese Idealisierung in unser Erwachsenenleben mitnehmen, kann uns das daran hindern, unsere Eltern als die Menschen zu schätzen, die sie in Wirklichkeit sind. Wir können von unserem Partner eine unrealistische Perfektion erwarten und damit unser Liebesleben einschränken.

Das idealisierte Kind

Die Betrachtung

Kinder können ihre Eltern idealisieren, und Eltern ihre Kinder. Wenn ein Mann seine Mutter idealisiert, haben andere Frauen keine Chancen bei ihm. Doch die Idealisierung kann in beide Richtungen gehen. Wenn eine Mutter ihren wunderbaren Sohn idealisiert, wird er es als Schock erleben, dass ihn die Frau, mir der er zusammen ist, nicht für perfekt hält. Das wiederum verstärkt die Idealisierung der Mutter, die ihn als einzige wirklich versteht oder verstand.

Es kommt vor, dass Eltern ihre Kinder aus welchen Gründen auch immer auf idealisierte Weise betrachten. Sie müssen das Kind vielleicht als ein Bild der Unschuld sehen oder als einen Engel, der auf die Erde gekommen ist, um ihr Heim zu segnen. Obwohl diese Sicht eine gewisse Wahrheit enthalten kann, müssen Kinder gesehen werden, wie sie wirklich sind – und nicht so, wie die Eltern es brauchen. Wir haben alle das Bedürfnis, gesehen zu werden, wie wir sind.

Manche Eltern brauchen das Gefühl, perfekte Kinder zu haben, um ihr Selbstbild aufzuwerten. Sie können ihre Kinder benutzen, um sich selbst einen Wert zu geben. Die vielen Leistungen und Fähigkeiten des Kindes sollen das Minderwertigkeitgefühl der Eltern überdecken. Auch hier sehen die Eltern ihre Kinder nicht wie sie wirklich sind.

Es kann sehr verwirrend für ein Kind sein, auf eine Weise gespiegelt zu werden, die nicht dem entspricht, wie es sich selbst erlebt. Zu hören, du seiest klug, wenn du dir gar nicht klug vorkommst, ist schwierig. Zu erleben, wie deine Schönheit gerühmt, dein Innerstes aber nicht gesehen wird, tut weh. Wenn deine Eltern ein überhöhtes Bild von dir haben, spürst du die Falschheit in ihrer Bewunderung, und da es wichtig für dich ist, ihnen zu vertrauen und zu wissen, dass sie Recht haben, stellst du deine eigene Wahrnehmung vielleicht in Frage. Diese frühe Konditionierung kann bewirken, dass du als Erwachsener deinen Gefühlen oder deiner Wahrnehmung der Realität nicht vertraust. Es kann dich verrückt machen!

Die Übung

Die Übung ist einfach: Schau, ob dich irgendetwas an der heutigen Betrachtung anspricht. Haben deine Eltern dich gesehen wie du bist oder wie sie es für sich brauchten? Solltest du ihre Ideale erfüllen? Hattest du das Gefühl, wirklich als der Mensch „gesehen" zu werden, der du als Kind warst? Schreibe deine Beobachtungen in dein Tagebuch.

Für wen hältst du mich?

Die Betrachtung

Wir haben besprochen, wie unsere unbewussten Filter die Art und Weise beeinflussen, wie wir andere erleben. Wir alle besitzen diese psychologischen Mechanismen, sind uns ihrer normalerweise aber nicht bewusst. Wenn uns nicht bewusst ist, dass diese Mechanismen unsere Wahrnehmung der anderen filtern und einfärben, glauben wir den anderen wirklich zu sehen.

Dasselbe geschieht natürlich auch beim anderen. Auch er hat Filter, durch die er uns sieht. Er überträgt seine vergangenen Erfahrungen auf die gegenwärtigen Umstände und auf uns. So, wie wir unsere Sicht des anderen mit unseren unbewussten Mechanismen überlagern können, betrachtet auch er uns als eine Version seiner wichtigsten frühen Bezugspersonen.

Dementsprechend kann er auf uns reagieren, als wären wir seine Mutter, sein Vater, seine große Schwester oder jemand anderes, mit dem er eine Geschichte hat. Er kann unbewusst alte, vergrabene Gefühle bezüglich eines Menschen aus seiner Vergangenheit auf uns übertragen und uns wie diese Person behandeln. Das kann sehr frustrierend und schmerzhaft sein. Doch wir müssen daran denken, dass der Betreffende keine bösen Absichten verfolgt. Diese Mechanismen sind unbewusst. Ebenso, wie wir es meist nicht merken, wenn wir unsere Vergangenheit auf die Gegenwart übertragen, sind andere sich nicht bewusst, wenn dieser psychologische Mechanismus in ihnen aktiv ist.

Oft übertragen Eltern ihre Beziehung zu ihren eigenen Eltern auf die Beziehung zu ihren Kindern. Eine Mutter mit unabgeschlossenen Ödipusthemen in Bezug auf ihren Vater kann versuchen, ihre Anziehung zum Vater an ihrem Sohn auszuagieren. Das kann viele Probleme erzeugen! Oder eine Mutter kann unabgeschlossene Konkurrenz- und Eifersuchtsthemen mit ihrer Mutter in der Beziehung mit ihrer Tochter ausagieren. Auf diese Weise werden die Beziehungsmuster von Generation zu Generation weitergegeben.

Die Übung

Denke an einen Moment zurück, in dem dich jemand behandelt hat, als wärest du jemand anderes. Wie hat sich das angefühlt? Hattest du je das Gefühl, deine Eltern würden mit dir umgehen, als wärest du jemand anderes?

Vergrabener Schmerz

Die Betrachtung

In der letzten Betrachtung haben wir darüber reflektiert, dass andere uns durch ihre Filter sehen könnten. Heute wollen wir uns genauer ansehen, ob und wie andere auf uns projizieren oder ihre unverdauten Emotionen aus der Vergangenheit auf ihre Erfahrungen mit uns übertragen. Denk daran: Wenn sie das tun, halten sie die Art und Weise, wie sie uns und die gegenwärtigen Umstände sehen, wirklich für die Realität!

Der Andere kann zum Beispiel glauben, wir lehnten ihn ab, obwohl das nicht stimmt. Er hat vielleicht erlebt, wie sein Vater ihn abgelehnt hat und neigt nun dazu, dasselbe von anderen zu erwarten. Das Ego hält es für seinen Job, uns vor Schmerzen zu bewahren und das Angenehme zu suchen. Es will keinen Schmerz erfahren und hat eine Abwehrstruktur, die es uns scheinbar erlaubt, unseren Schmerz nicht erleben zu müssen. Übertragungen sind defensiv.

Eine weitere Abwehrstrategie ist die Unterdrückung. Wir vergraben unseren Schmerz, anstatt ihn zu erleben. Wir verstecken ihn in einer Ecke unserer Psyche und glauben, er sei nicht länger da. Doch unsere Seele hat das natürliche Bestreben, ganz zu sein. Sie will zu ihrem natürlichen Zustand des Friedens und der Freude zurückkehren. Deshalb wird sie versuchen, den vergrabenen Schmerz ans Bewusstsein zu bringen, indem sie Umstände schafft, bei denen wir abgelehnt werden, oder indem sie die damalige Ablehnungserfahrungen auf die Gegenwart überträgt, auch wenn im Augenblick gar keine Ablehnung da ist.

Wenn wir den Schmerz darüber, dass unser Vater uns abgelehnt hat, nie wirklich voll gespürt haben, können wir diese Erfahrung unbewusst auf unsere jetzigen Umstände übertragen und den Schmerz in der Gegenwart erleben. In gewisser Weise ist der psychologische Übertragungsmechanismus ein Versuch, die Seele zu heilen. Wir wiederholen diesen Mechanismus so lange, bis der ursprüngliche Schmerz über die Ablehnung unseres Vaters verarbeitet ist.

Die Übung

Erinnere dich an eine Zeit, als ein dir naher Mensch seine vergangenen Erfahrungen auf dich oder euren gegenwärtigen Austausch übertragen hat. Mit anderen Worten, erinnere dich an einen Moment, in dem du das Gefühl hattest, als sehe dich der andere nicht wie du wirklich bist. Wie hat sich das angefühlt? Wie hast du reagiert? Schreibe deine Beobachtungen in dein Tagebuch.

Ich könnte genauso gut gar nicht da sein!

Die Betrachtung

Manchmal kann es uns vorkommen, als weilten die Menschen, mit denen wir umgehen, in ihrer eigenen Realität. Wir können uns fühlen, als wären wir gar nicht da. Der Mensch vor uns kann entweder hören, was wir sagen oder auch nicht. Die unbewussten Projektions- und Übertragungsmechanismen führen dazu, dass solche Menschen mit sich selbst oder ihrer Vergangenheit reden, nicht aber mit uns. Wir könnten genauso gut gar nicht da sein!

Ein solcher Mensch hört Kritik, wo keine ist. Seine Mutter hat ihn in der Kindheit kritisiert, und deshalb erwartet er auch jetzt Kritik. In der letzten Betrachtung hatten wir schon angemerkt, dass manche Menschen Ablehnung wahrnehmen, wo gar keine ist. Vielleicht hat ihr Vater sie abgelehnt und nun erwarten sie abgelehnt zu werden. Die Ablehnung wird zu einem Filter, durch den sie die Realität – und uns – erfahren.

Vielleicht hast du es schon erlebt, dass jemand beleidigt auf etwas reagiert hat, was du gar nicht so gemeint hattest. Wenn du versuchst zu erklären, dass du keine Kritik beabsichtigt hattest, macht das alles noch schlimmer. Euer Gespräch scheint für den anderen in einer völlig anderen Realität stattgefunden zu haben als für dich.

Solche Menschen sind sich sicher, kritisiert zu werden, und nichts, was du sagst, kann ihre Sichtweise ändern. Das kann passieren, wenn sie jemanden aus der Vergangenheit auf dich projizieren: Du kannst tun, was du willst, aber es scheint, als könntest du ihnen nichts recht machen. Und das kannst du auch nicht.

Die Übung

Denke an eine Zeit, wo du frustriert warst, weil dein Gegenüber nicht hörte, was du sagtest. Stattdessen behauptete derjenige, du hättest etwas anderes gesagt oder gemeint als das, was du vermitteln wolltest. Das kann sich angefühlt haben, als hätte der andere nur gehört, was er hören wollte – und das kann sogar wahr sein. Je nach Beziehung kann es in solchen Fällen möglich sein, den anderen einfach zu fragen, was er gehört zu haben glaubt. Nutze dein Tagebuch, um die obigen Beobachtungen genauer zu untersuchen.

Ich kenne dieses Gefühl

Die Betrachtung

Die Menschen projizieren auf uns und sie übertragen ihre Emotionen auf uns. Mit anderen Worten, sie können Gefühle für uns hegen, die sie einst für ihre Eltern oder wichtige Bezugspersonen in der Vergangenheit gehegt haben. Sie können uns automatisch ebenso hassen, wie sie ihre Tante gehasst haben – einfach nur, weil wir dieselbe Frisur haben. Sie können uns wie einst ihrem Bruder dafür grollen, dass wir älter und männlich sind. Das heißt, sie können eine automatische, unbewusste Reaktion auf uns zeigen, die nichts mit dem zu tun hat, wer wir wirklich sind.

Nehmen wir zum Beispiel einen Menschen mit einer dominanten Mutter, die seine Lebendigkeit abgewürgt hat. Wenn du die Chefin dieses Menschen bist, wird er immer Beweise dafür suchen, dass du dominant bist. Er kann Dominanz sehen, wo gar keine ist. Außerdem könnte er gegen dich opponieren. Vielleicht hatte er nicht den Mut oder die Möglichkeit, gegen seine Mutter zu rebellieren, doch jetzt, mit dir, kann er es tun. Seine Rebellion kann schwer verständlich für dich sein, weil es keinen logischen Grund für sie gibt. Der Betreffende hat seine rebellischen Gefühle gegenüber seiner Mutter auf dich übertragen und agiert sie im relativ sicheren Arbeitsumfeld aus.

Ein Hinweis auf eine mögliche Übertragung kann darin bestehen, dass jemand zu dir sagt: „Du tust (denkst/ sagst/ usw.) immer..." Was er dir zuschreibt, entspricht nicht der Art und Weise, wie du eure Begegnungen erlebst. Mag sein, dass du dir der vorgeworfenen Handlungsweise einfach nicht bewusst warst. Doch der Vorwurf kann auch darauf beruhen, dass der andere dich unbewusst als einen Menschen aus seiner Vergangenheit erlebt.

Die Übung

Schau dir einige Beziehungen an, die schwer für dich sind oder waren. Prüfe, ob die Schwierigkeiten auch durch irgendwelche Übertragungen verstärkt worden sein könnten. Was hast du in der jeweiligen Situation gefühlt? Wie war es für dich? Schreibe deine Beobachtungen in dein Tagebuch.

Gegenübertragung

Die Betrachtung

Ich möchte hier noch kurz auf den Mechanismus der Gegenübertragung eingehen. Sie ist leider häufiger, als wir glauben.

Eine Gegenübertragung findet statt, wenn jemand eine Emotion aus der Vergangenheit auf uns überträgt und wir darauf eingehen, indem wir etwas aus unserer Vergangenheit auf ihn übertragen. Es kann sein, dass seine Übertragung etwas Vergangenes in uns auslöst und wir aus unserer Geschichte heraus reagieren.

Der Betreffende kann zum Beispiel seinen unbewussten Hass seiner Mutter gegenüber auf uns übertragen und uns voller Hass behandeln. Das wiederum kann unser auf vergangenem Missbrauch basierendes Gefühl der Wertlosigkeit aktivieren. Wir können daraufhin unsere unbewussten Mangelgefühle aus der Vergangenheit in der Gegenwart ausagieren, anstatt uns gegen den Hass zu wehren. Wir halten ihn für gerechtfertigt, weil wir uns wertlos fühlen.

Wenn jemand seine extrem kritischen Eltern auf uns überträgt, kann das unser Gefühl aktivieren, von einem Elternteil abgelehnt worden zu sein. Menschen, die so tun, als würden wir sie verlassen, können unser verborgenes Gefühl aktivieren, etwas sei nicht in Ordnung mit uns. Diese Dynamik ist wie gesagt meistens unbewusst.

Wir können uns in diesen emotionalen Reaktionen verfangen, ohne zu wissen, wie sie entstanden sind oder wie wir wieder herausfinden. Wir geraten in unserer Interaktion mit einem anderen einfach an eine schmerzhafte Stelle und bleiben dort stecken. So etwas kann in intimen Beziehungen zu einem Muster werden. Wir können dann einfach fragen. „Mit wem spreche ich jetzt wirklich?“

Die Übung

Kennst du irgendetwas aus der obigen Betrachtung aus eigener Erfahrung? Erinnere dich an eine bestimmte Interaktion, in der dein Gegenüber etwas aus der Vergangenheit ausagiert haben könnte.

Wen könnte er auf dich übertragen haben? Wen könntest du in deiner Gegenübertragung auf ihn übertragen haben?

Ich verstärke meine Identität durch dich

Die Betrachtung

Wenn ich meine Emotionen gegenüber meinen Eltern auf die Menschen in meiner Umgebung übertrage, verstärke ich meine Identität. Mein Ich hat sich in der Beziehung zu meinen Eltern entwickelt. Ich trage meine Mutter und meinen Vater mit mir herum, übertrage meine Reaktionen auf sie auf die Menschen in meiner Umgebung, und erhalte damit meine Identität aufrecht. Ich weiß, wer ich bin. Ich bin die Matrix der Strukturen, die sich in Bezug auf meine Eltern und die Umstände in meiner Kindheit entwickelt haben. Oder so könnte es scheinen.

Die psychologischen Mechanismen, die wir untersucht haben, sind Teil unserer Ich-Struktur und helfen uns, die Identifikation mit dieser Struktur aufrecht zu erhalten. Wenn ich den Anderen als meine Mutter sehe, verstärke ich meine Identität als das Kind meiner Mutter. Wenn ich den Anderen als meinen Vater sehe, bin ich immer noch das Kind, das ich einst war. Ich habe eine mir bekannte Identität. Ich weiß, wer ich bin, weil ich weiß, wer der Andere ist. Sie oder er ist meine Mutter oder mein Vater. Wenn ich den Partner als meine Mutter oder meinen Vater sehe, bin ich derselbe, der ich in Bezug auf meine Eltern war.

Unser göttliches Wesen wurde nicht in Bezug auf unsere Eltern gebildet. Unser göttliches Wesen war immer da. Deine wahre Natur kam mit dir und als du in diese Welt. Doch solange du dich mit deiner Geschichte und deiner Ich-Identität identifizierst, bist du von der Erfahrung deiner essenziellen Natur als Manifestation des Göttlichen abgeschnitten.

Die Übung

Achte im Laufe des Tages darauf, ob du einige Beispiele entdecken kannst, wie du deine Identität als Kind deiner Eltern aufrechterhältst.

Sicher, wir lieben unsere Eltern und sind mit ihnen im Wesenskern verbunden. Das steht nicht in Frage. Was wir uns hier ansehen, ist die Art und Weise, wie wir unsere Identifikation mit der Vergangenheit als Kinder unserer Eltern aufrechterhalten.

Wir tun das vielleicht damit, wie wir sprechen, was wir essen, welche Erfahrungen wir uns erlauben oder wie wir uns auf andere beziehen. Sieh, wie du deine Identität als das Kind deiner Eltern aufrechterhältst. Was hast du davon, dass du an dieser Identität festhältst? Schreibe deine Beobachtungen in dein Tagebuch.

Die Objektbeziehungstheorie

Die Betrachtung

Unter Psychologen werden die psychologische Struktur eines Menschen und die Art und Weise, wie er sich auf andere bezieht, manchmal mit der Objektbeziehungstheorie erklärt. Ich möchte diese Theorie kurz erläutern. Sie bietet eine weitere Möglichkeit, die Muster zu erklären, über die wir gesprochen haben.

Die Theorie besagt, dass wir uns als ein Objekt, ein Ding sehen, das in einer bestimmten Beziehungsdynamik zu einem anderen Objekt steht. Seit wir uns nicht mehr mit unserem wahren Selbst verbunden fühlen und uns mit unserem Ego oder unserer Persönlichkeit identifiziert haben, erleben wir uns als getrennt. Wir sehen uns als Objekt unter Objekten, und schließlich als ein Ding. Ein Ding, das in Ordnung gebracht werden sollte, das mehr, besser oder anders sein sollte, als es ist.

Das ursprüngliche andere Objekt war natürlich unsere Mutter oder unser Vater. Und diese Dynamik zwischen zwei Objekten wird zum Muster, das unsere Psyche prägt. Dann gehen wir durch das Leben und wiederholen einfach immer wieder die ursprüngliche Dynamik.

Das heißt, wir erschaffen unbewusst immer wieder die ursprüngliche Dynamik zwischen uns und unserer Mutter (oder einer anderen wichtigen Person unserer frühen Kindheit). Bestand die Dynamik zum Beispiel darin, dass wir unserer Mutter halfen, werden wir jedem, der uns später nahe steht, auch zu helfen versuchen. Bestand die Dynamik darin, dass die Mutter uns ihre Anerkennung vorenthielt und wir immer versuchten, es ihr recht zu machen, dann werden wir als Erwachsene dieselbe Dynamik erschaffen. Wir haben also hier „A“ und dort „B“, und zwischen beiden gibt es eine gewohnheitsmäßige Interaktion, welche die beiden getrennten Objekte miteinander verbindet. Wir wiederholen diese Interaktion als Möglichkeit, uns selbst zu erkennen, den anderen zu erkennen und mit unserer Mutter verbunden zu bleiben.

Die Übung

Wenn du deine wichtigen Beziehungen aus der eben besprochenen Sicht betrachtest, welche hauptsächliche Objektbeziehung wiederholst du in deinen engen Beziehungen? Welche vertraute Dynamik taucht in deinen Beziehungen mit anderen immer wieder auf?

Die drei wichtigsten Objektbeziehungen

Die Betrachtung

Es gibt drei grundlegende Objektbeziehungen, auf die ich besonders eingehen möchte. Sie bilden quasi ein einziges Paket, das du sicher erkennen wirst.

Die erste von ihnen wird normalerweise als libidinöse oder idealisierende Objektbeziehung bezeichnet. Ihre wichtigste Eigenschaft ist das Begehren. Du willst den anderen. Du sehnst dich nach ihm. Du willst etwas Bestimmtes (Anerkennung, Lob, Liebe) von ihm. Du findest ihn klasse. Du siehst ihn als Antwort auf deine Gebete. Wenn du ihn nur hättest (oder das hättest, was du von ihm willst), dann wärest du erfüllt und das Leben wäre endlich gut. Du wärest vollständig.

Natürlich ist das, was wir von den anderen bekommen, nie ganz richtig. Es entspricht nie unseren Erwartungen. Sie sagen, was wir hören wollen, aber in ihrer Stimme schwingt etwas mit, das uns zweifeln lässt. Oder alles ist perfekt – bis es plötzlich nicht mehr perfekt ist. Wir haben das Objekt unserer Wünsche idealisiert, und wenn wir den Betreffenden endlich haben, ist er nicht ganz so, wie wir dachten. Die Befriedigung fehlt. Es ist frustrierend. Und das ist die zweite Objektbeziehung: Die frustrierende.

Je nach dem Ausmaß unserer Frustration oder unserer Toleranz taucht schließlich die dritte Objektbeziehung auf: Die abweisende. Wir sind frustriert. Wir haben nicht bekommen, was wir wollten. Also nichts wie weg! Okay, wir haben bekommen, was wir wollten, aber es passt einfach nicht; da ziehen wir doch lieber weiter! Auf zum nächsten! Wir weisen das ursprüngliche Objekt unserer Wünsche zurück und beginnen den Kreislauf aufs Neue. Klingt das bekannt?

65

Die Übung

Nimm dir dein Tagebuch und notiere die Situationen, in denen du die drei grundlegenden Objektbeziehungen erlebt hast. Notiere die Namen, die Lebensphasen und auch die physischen Objekte, die an diesem Kreislauf teilgenommen haben. Wir können diesen Zyklus auch mit Dingen wie Kleidern oder einem Auto durchmachen.

Sieh dir deine gegenwärtigen Beziehungen an und schau, ob du feststellen kannst, an welcher Stelle des Zyklus du dich zurzeit befindest.

Die andere Seite der Münze

Die Betrachtung

In der letzten Betrachtung ging es um die drei grundlegenden Objektbeziehungen. Es gibt viele Varianten dieser Dynamik – du kannst sie anhand deiner Beziehungsmuster selbst erforschen. Allerdings hat jeder von uns seine Lieblingsvariante. Manche von uns leben ständig in Sehnsucht. Manche sind stets frustriert, andere laufen immer nur weg oder weisen den anderen zurück. In unseren gegenwärtigen Beziehungen stellen wir wahrscheinlich am liebsten dieselbe Dynamik wieder her, die wir mit unserer Mutter oder unserem Vater erlebt haben.

Was wir an den Objektbeziehungen nicht so leicht verstehen ist, dass wir auch die andere Seite der Dynamik ausspielen. Die Dynamik ist dieselbe, nur stehen wir auf der anderen Seite. Manchmal können wir das nur schwer als dieselbe Objektbeziehung erkennen.

Sagen wir einmal, wir sind derjenige, der immer begehrt wird. Die Leute wollen unsere Zeit, unsere Energie, unsere Liebe und wir fühlen uns von ihrem Begehren überrollt. Das ist einfach nur die andere Seite der libidinösen Objektbeziehung. Anstatt selbst etwas zu wollen, befinden wir uns auf der anderen Seite: Wir werden gewollt. Das ist nur die andere Seite der Münze.

Es kann sein, dass wir bei den Menschen in unserem Umfeld Frustration erzeugen. Uns geht es prima, kein Problem, aber alle anderen scheinen ein Frustrationsproblem zu haben. Es ist schwer, das Ganze als frustrierende Objektbeziehung zu erkennen. Uns geht es schließlich gut! Die anderen haben die Probleme.

Dasselbe gilt für die abweisende Objektbeziehung. Wir sind nicht diejenigen, die die anderen abweisen. Stattdessen werden wir abgewiesen. Unsere Lover verlassen uns. Unsere Bosse feuern uns. Unsere Freunde lassen uns allein. Und wir können einfach nicht verstehen, warum wir immer wieder verlassen werden. Wir spielen einfach die andere Seite der zurückweisenden Objektbeziehung aus.

Die Übung

Schau dir noch einmal die letzten Eintragungen in deinem Tagebuch an. Welche Objektbeziehungen konntest du in deinen engen Beziehungen ausmachen? Schau, ob du auch Beziehungen finden kannst, in denen du die andere Seite der Dynamik ausgespielt hast. Vielleicht hast du gesehen, dass du dir oft Anerkennung gewünscht hast. Nun schau, wann du den Menschen in deinem Umfeld, die deine Anerkennung wünschten, diese vorenthalten hast.

VIII.

SELBSTBILDER

Erforsche deine Sicht der Welt

Die Betrachtung

Wir haben gesehen, dass die Art und Weise, wie wir uns auf andere und auf uns selbst beziehen, von unseren frühen Erfahrungen sowie von unserer Persönlichkeitsstruktur beeinflusst wird, die in Reaktion auf unsere frühen Erfahrungen gebildet wurde. Dasselbe gilt für unsere Wahrnehmung der Welt.

Wir sehen die Welt, die Realität, nur selten wie sie wirklich ist. Wir nehmen die Wirklichkeit durch die Linse unserer Vergangenheit wahr. Wir nehmen sie durch die Strukturen unseres Egos und unserer Persönlichkeit wahr. Natürlich beeinflusst die Art und Weise, wie wir die Welt sehen, unsere Beziehung zu ihr.

Unsere erste Wahrnehmung der Welt wurde von vielen Faktoren beeinflusst: Von der Reife unserer Eltern, der Stimmung und den ökonomischen Umständen in der Familie, dem Platz in der Geschwisterfolge, dem Umgang der Geschwister untereinander oder der Tatsache, dass wir ein Einzelkind waren. Unsere Familie stand vielleicht emotional unter Druck, als wir uns die Welt erklärten, und das beeinflusste unsere Erfahrung der Realität. Die Umstände können sich verändert haben, aber diese alten Filter beeinflussen immer noch unsere Beziehung zur Welt.

Unsere Beziehung zur Welt und dem Leben allgemein wird stark davon beeinflusst, wie offen unser Herz ist. Ist es aufgrund unserer frühen Eindrücke von der Realität mehr oder weniger für das Leben verschlossen, wird unsere Erfahrung, hier in einem Körper auf der Erde zu sein, anders ausfallen, als wenn unser Herz offen, vertrauensvoll und neugierig auf das Leben ist. Natürlich werden all unsere Beziehungen von unserer Grundeinstellung zum Leben beeinflusst.

Die Übung

Schließe zuerst deine Augen, atme ein paar Mal tief in dein Herzzentrum in der Brustmitte und vergegenwärtige dir deine Gefühle gegenüber dem Leben und der Welt im Allgemeinen. Wie fühlt sich dein Herz an?

Dann schreibe auf eine neue Seite in deinem Tagebuch: „Die Welt ist..." Beende den Satz mindestens 30 Mal. Lass die Worte einfach herausströmen, ohne nachzudenken. Überrasche dich selbst mit dem, was du schreibst.

Unsere frühen Erfahrungen prägen unsere Sichtweise

Die Betrachtung

Wir sind dabei, zu erforschen, auf welche Weise die alten Strukturen des Egos unsere Einstellung zum Leben und zu unserer Beziehung mit der Welt beeinflussen können. Wenn sich diese Strukturen auflösen, sind wir frei, jetzt hier zu sein. Basiert unsere Interaktion mit der Welt auf unseren gegenwärtigen Erfahrungen, tun wir einen Schritt aus den Ich-Strukturen heraus, in unser wahres Wesen. Unser Sein oder unser wahres Wesen existiert in der Gegenwart. Unser Ego wurzelt voll und ganz in der Vergangenheit.

Bis zum Alter von 6 Jahren ist die Matrix unseres Egos oder unserer Persönlichkeit voll ausgebildet. Wurden wir von den Eltern gewünscht und willkommen geheißen, sehen wir die Welt anders, als wenn unsere Sicht darauf beruht, nicht willkommen gewesen zu sein. Ob wir als Kinder gesund oder krank waren, ob wir von den Eltern geschlagen oder beschimpft wurden – alles wirkt sich darauf aus, wie wir die Welt sehen und ob wir uns voll auf sie einlassen.

Ein geliebtes Einzelkind erfährt die Welt anders und trifft andere Entscheidungen, als eines von vielen Kindern, das um alles kämpfen muss.

Auch die Art und Weise, wie deine Eltern die Welt sahen, färbt deine Beziehung zum Leben. Eltern, die freudig am Leben teilnehmen, vermitteln ein anderes Bild vom Leben in der Welt als Eltern, die sich vom Leben überwältigt fühlen. Wenn deine Eltern niedergedrückt und einzelgängerisch waren, hast du unbewusst eine andere Botschaft verinnerlicht, als wenn sie offen an den Ereignissen in ihrem Umfeld teilnahmen. Ihr Verhalten war ein frühes Modell für deine Interaktionen mit der Welt.

68

Die Übung

Schau, ob du deine Einstellungen zum Leben und zu deiner Gegenwart in der Welt auf die Umstände deiner frühen Kindheit zurückführen kannst. Frage dich, wie du das Leben siehst. Ziehe deine Geschichte in Betracht und frage dich: Warum sehe ich das Leben auf diese Weise? Schau, was du entdecken kannst. Nimm die Liste aus der letzten Übung zur Hilfe.

Die Sichtweise der Familie

Die Betrachtung

Die Einstellung unserer Familie zum Leben wirkt sich definitiv auf unsere Weltsicht aus. Wenn du aus einer Familie kommst, die das Leben als kostbares Geschenk sieht, wird deine Lebenserfahrung anders ausfallen als in einer Familie, die das Leben als eine Serie von Prüfungen betrachtet, die zu bestehen sind – oder sogar als ein Tal der Tränen, das wir ertragen müssen. Deine persönlichen Erfahrungen mit der Familie waren vielleicht nicht so klar umrissen wie diese Beispiele, aber die Beispiele können illustrieren, dass die Lebenseinstellung unserer Familie sich vielfältig auf uns auswirkt.

Die Lebenseinstellung von Eltern, die im Schatten des 2. Weltkriegs aufwuchsen, wurde von den damaligen Ereignissen geprägt. Sie haben ihre Eindrücke offen oder unterschwellig mit dir geteilt. Wenn deine Eltern glauben, das Leben sei gefährlich und voller Schmerzen, können sie diese Gefühle auf dich übertragen, was wiederum deine Beziehung zum Leben beeinflusst.

Wenn deine Eltern das Leben als eine Serie von Herausforderungen sahen, glaubst du vielleicht, alles, was auf dich zukommt, tatkräftig angehen zu müssen. Du glaubst, du müsstest immer alles im Griff haben. Sahen deine Eltern das Leben hingegen als eine einzige große Party, könntest du mit der gegensätzlichen Sicht reagiert haben, dass man immer absolut verantwortlich sein muss.

Wenn wir uns aus der Lebenseinstellung unserer Familienmitglieder lösen, können wir bewusst oder unbewusst das Gefühl haben, ihre Unterstützung oder die Verbindung zu ihnen zu verlieren. Das kann sich für die jungen Anteile unserer Psyche sehr bedrohlich anfühlen. Es mag einfacher sein, nicht genau nachzuprüfen, wie unsere Eltern wirklich waren. Schauen wir es uns jedoch an, können wir sehen, was wirklich wahr für uns ist und was nicht. Wir können bewusster werden. Wir können sogar mit der Lebenseinstellung unserer Eltern übereinstimmen, aber es wird unsere eigene Einstellung sein und nichts, was wir unbewusst übernommen haben, um zur Familie zu gehören.

Die Übung

Nimm dir etwas Zeit und denk daran zurück, wie deine Eltern im Allgemeinen mit dem Leben umgingen. Kannst du sehen, wie ihre Einstellung dich beeinflusst hat? Teilst du ihre Lebenseinstellung? Und wenn nicht: Wie unterscheidet sich deine Sichtweise von der ihren?

Deine Religion kann deine Wahrnehmung beeinflussen

Die Betrachtung

Wenn wir erforschen, wie du die Welt wahrnimmst und dich auf sie beziehst, müssen wir in Betracht ziehen, dass sich die von deiner Familie praktizierte Religion ebenfalls auf deine Weltsicht auswirkt. Auch hier geht es darum, dass diese frühen Einflüsse zu subtilen Filtern werden, die deine Erfahrung der Welt einfärben. Selbst wenn du dich von der Religion, mit der du aufgewachsen bist, gelöst hast, kann eine frühe religiöse Erziehung deine Weltsicht und Lebenseinstellung geprägt haben.

Der frühe Kontakt mit einer Religion kann unsere Realitätssicht auf viele Arten positiv färben. Wir können uns von Gott geliebt und gehalten fühlen. Wir können das Gefühl haben, dass der himmlische Vater uns sieht und kennt. Diese frühkindlichen Seeleneindrücke können unser Erwachsenenleben leichter für uns machen. Sie können die Welt als einen sicheren Ort erscheinen lassen. Doch die religiöse Unterweisung kann uns auch Einstellungen zum Leben vermitteln, die genauer untersucht werden sollten.

Ganz allgemein gesprochen wird der Mensch in der katholischen Kirche als armer Sünder gesehen, der nur durch die Gnade Gottes erlöst werden kann. Die protestantische Sicht, dass der Mensch eigentlich gut ist, sich aber vor den Versuchungen des Bösen (oder des Fleisches) hüten muss, kann unbewusste Eindrücke hinterlassen, die unsere Sicht des Lebens prägen können. Die Verheißung eines Paradieses oder einer himmlischen Belohnung für unsere harte Arbeit oder sogar unser Leiden kann eine negative Einstellung zum Leben nach sich ziehen. Die jüdische Geschichte, stets Sündenbock für andere zu sein, kann zur Prägung einer Opferidentität führen.

Die Übung

Denk zurück an deine frühe religiöse Schulung und schau, ob sie deine Einstellung zum Leben irgendwie beeinflusst hat. Welche Überzeugungen aus deinem frühen religiösen Hintergrund könnten die Art und Weise, wie du das Leben und die Welt siehst, immer noch beeinflussen?

Wenn du ohne Religion in einer agnostischen oder atheistischen Familie aufgewachsen bist, wird auch das deine Beziehung zur Realität prägen. Welche Botschaft haben die Vorstellungen deiner Eltern von Gott und Religion dir vermittelt?

Jede Generation hat ihre eigene Sichtweise

Die Betrachtung

Jeder Mensch gehört einer bestimmten Generation an. Auch unser Alter wirkt sich darauf aus, wie wir lernen, die Welt wahrzunehmen. Die Medien erzählen uns, es bestünde ein großer Unterschied zwischen den 68ern und der Generation Golf. Schauen wir uns doch einmal die Möglichkeit an, dass unsere Sicht der Welt von der Generation gefärbt ist, in die wir hinein geboren wurden.

Es ist einfach zu sehen, dass jemand, der in den 1940er Jahren aufgewachsen ist, einen andere Welt vorfand als jemand in den 1980ern. Die Zeitthemen waren anders und die Weltsicht war anders. 1940 war die Welt noch größer als 1980, und jetzt ist sie sogar noch kleiner geworden.

Die Kommunikation, die Technik und die Möglichkeit zu reisen haben sich in den letzten Dekaden radikal verändert. Deinen internen Computer zu aktualisieren kann bedeuten, Gedanken loszulassen, die vielleicht für die Generation deiner Kindheit stimmig waren, aber dem Menschen, der du jetzt bist, nicht mehr wirklich entsprechen.

Es kann schwierig sein, den Werten deiner Generation zu entsprechen und dir gleichzeitig treu zu sein. Du könntest moderner oder altmodischer sein als es für deine Generation die Norm ist. Dein Selbstbild und deine Vorstellung von deinem Platz in der Welt können unbewusst von den Maßstäben deiner Generation beeinflusst sein. Diese Ideen ins Bewusstsein zu bringen, kann sehr befreiend sein.

Die Übung

Schau einmal, was du als die Weltsicht deiner Generation betrachtest. Welche Werte wurden dir vermittelt, als du im Zeitabschnitt deiner Generation aufwuchst? Beeinflussen diese Werte immer noch deine Sicht davon, wie die Dinge sind und wie nicht?

Schau dir nun deine eigene Sicht der Welt an. Welche Ähnlichkeiten kannst du ausmachen? Welche Unterschiede? Ist deine persönliche Sicht der Welt in irgendeiner Weise von den Werten deiner Generation gefärbt?

Indem du deine Beobachtungen in dein Tagebuch schreibst, werden deine Gedanken realer und du erhältst einen Überblick über deine Entfaltung.

Selbstbilder färben deine Wahrnehmung

Die Betrachtung

Die Bilder, die wir von uns selbst haben, färben auch unsere Wahrnehmung der Welt. Wir müssen die Welt auf bestimmte Weise sehen, um unser Selbstbild aufrechtzuerhalten. Wenn du dich zum Beispiel als Opfer siehst, wirst du logischerweise die Tendenz haben, die Welt oder das Leben als „Täter" zu betrachten. Das Leben wird dich in die Knie zwingen.

Wenn du dich als das Zentrum des Universums betrachtest, erwartest du tendenziell vom Leben, dass es sich deinen Wünschen beugt und bist ärgerlich, wenn es das nicht tut. Wenn du dich für hilflos hältst, wirst du das Leben überwältigend finden. Wenn du dich für dumm hältst, kommt dir das Leben kompliziert und viel zu schwierig vor. Besagt dein inneres Selbstbild, dass du klug bist, musst du es aufrechterhalten, indem du alles, was in der Welt geschieht, stets erklären kannst und immer versuchst, aus der Wirklichkeit schlau zu werden.

Mit anderen Worten, die Art und Weise, wie du dich selbst siehst, kann beeinflussen, wie du die Wirklichkeit siehst und dich auf die Welt beziehst. Du beziehst dich in einer Weise auf die Welt, die dein Selbstbild aufrechterhält. Es wäre schwer, die Welt als jemand zu sehen, der verlassen wurde und sie gleichzeitig für einen liebevollen, nährenden Ort zu halten. Es wäre schwer, dich für unwürdig zu halten und das Leben gleichzeitig als ein Geschenk zu sehen, das darauf wartet, erforscht zu werden.

Die Selbstbilder in unserer Ich-Struktur können bestimmen, wie wir die Welt und unser Leben erfahren. Und die Art und Weise, wie wir die Welt oder die Wirklichkeit erfahren, entscheidet, wie wir uns auf das Leben beziehen.

Die Übung

Was sind deine Selbstbilder? Wie würdest du dich selbst beschreiben? Was für ein Mensch bist du?

Wie siehst du dich in Bezug zur Welt? Kannst du sehen, dass du mit deiner Sicht der Welt und der Art und Weise, wie du dich auf die Realität beziehst, eine bestimmte Sicht deiner selbst aufrechterhältst?

Schreibe deine Beobachtungen in dein Tagebuch.

Wenn wir dem Leben vertrauen

Die Betrachtung

Was die Art und Weise, wie wir das Leben sehen und uns auf die Welt beziehen, mit am meisten beeinflusst, ist unsere Fähigkeit, Urvertrauen zu erfahren.

Wenn wir das grundlegende Gefühl haben, dem Leben vertrauen zu können, nehmen wir das Leben und die Welt als freundlich wahr. Wir nehmen an, dass sich alles zum Guten entwickeln wird. Selbst wenn wir gerade nicht verstehen, warum etwas geschieht, vertrauen wir darauf, dass uns das Leben letztlich genau das gibt, was wir brauchen. Wir fühlen, dass das Leben auf unserer Seite ist und sehen es als unseren Freund.

Dieses Gefühl, dem Leben vertrauen zu können, entwickelt sich in unserer Kindheit. Wenn wir uns als Kinder in einem liebevollen Umfeld geborgen fühlen, kommt uns das Leben wahrscheinlich freundlich vor. Wenn wir uns im Umfeld unserer ersten Jahre geborgen fühlen oder uns unsere Eltern ein Gefühl der Sicherheit gaben, empfinden wir das Leben wahrscheinlich als fürsorglich und gut.

Wenn wir Urvertrauen besitzen, erfahren wir das Leben auch als gut, wenn die Dinge nicht so laufen, wie wir es wollten. Wenn wir dem Leben grundsätzlich vertrauen, fühlen wir uns fähig, mit allem, was uns begegnet, klarzukommen. Wir fühlen uns von einem liebevollen Universum gehalten.

Haben wir eine unsichere oder gewalttätige Kindheit erlebt, können wir nicht so leicht darauf vertrauen, dass das Leben grundsätzlich gut ist. Doch in dem Maße, wie wir uns entwickeln und lernen in der Gegenwart zu sein, verringert sich unsere Identifikation mit der Vergangenheit. Wir können erkennen, dass unsere Kindheitserfahrungen Einzelfälle waren und nicht die gesamte Wirklichkeit spiegeln. Wir können lernen, uns auf neue Weise auf das Leben und die Welt zu beziehen.

Die Übung

Wo befindest du dich auf der Vertrauensskala? Vertraust du dem Leben oder versuchst du, sicherzustellen, dass alles zu deinen Gunsten ausfällt? Fühlst du dich vom Universum gehalten und erlebst du dich als festen Bestandteil der Existenz? Oder erfährst du dich als getrennt von der Welt? Wie haben die Lebensumstände deiner Kindheit deine Fähigkeit zu vertrauen unterstützt oder verringert?

Wer ist in Beziehung?

Die Betrachtung

Wenn wir uns mit dem Thema Beziehungen befassen, schauen wir uns meistens an, wie wir uns auf die anderen beziehen, und wie sich die anderen auf uns beziehen. Doch wir fragen uns eher selten, wer sich da eigentlich bezieht. Wer ist das „Ich", das in Beziehung ist?

Wir erkennen, dass wir von unserer Vergangenheit konditioniert sind. Wir wissen, dass sich unsere Persönlichkeits- oder Ich-Struktur in Reaktion auf unser frühes Umfeld entwickelt hat. Wer ist derjenige, der sich bezieht? Wenn unsere Persönlichkeitsstruktur mit der Persönlichkeitsstruktur des anderen in Beziehung steht – und das ist sehr häufig der Fall – wie können wir dann von einer authentischen Beziehung sprechen? Wie können unsere Beziehungen uns in der Tiefe befriedigen, wenn wir einfach nur unsere unbewussten Muster aus der Vergangenheit dramatisieren?

Wir werden uns etwas Zeit dafür nehmen, unser Selbstbild und unsere Identifikationen zu betrachten, um herauszufinden, wer unsere Beziehungen lebt. Wenn der kindliche Anteil unserer Psyche unser Beziehungsleben regiert und immer noch versucht, seine Bedürfnisse zu erfüllen, dann wird es uns sehr schwer fallen, eine reife, bereichernde Beziehung mit einem anderen Menschen einzugehen.

Die Art und Weise, wie wir uns selbst sehen, wirkt sich stark darauf aus, wie wir andere sehen und uns auf sie beziehen. Wenn wir uns unbewusst für unattraktiv, unerwünscht und nicht liebenswert halten, beeinflusst das unsere Beziehungswahl und die Art und Weise, wie wir mit dem anderen umgehen. Wir werden jetzt erforschen, wie wir uns selbst sehen, um zu verstehen, wer wir in unseren Beziehungen sind.

74

Welcher Anteil unserer Ganzheit lebt unsere verschiedenen Beziehungen?

Die Übung

Nimm dir ein großes Blatt Papier oder beginne eine neue Seite in deinem Tagebuch und schreibe oben auf das Blatt: „Ich bin..."

Dann beende den Satz mindestens 30 Mal. Versuche deine Antworten nicht zu zensieren. Denke nicht nach – schreibe einfach nur. Überrasche dich selbst mit deinen Antworten.

Was hast du über die Art und Weise gelernt, wie du dich siehst? Wer bist du eigentlich?

Wie wir die Kindheit überlebt haben

Die Betrachtung

In der vorigen Betrachtung haben wir begonnen, uns unsere Identifikationen anzusehen. Wir identifizieren uns mit unserer Vergangenheit. Wir glauben, immer noch zu sein, wer wir einmal waren. Wir identifizieren uns mit dem Kind, das wir einmal waren, und mit dem Verhalten, das uns damals das Überleben gesichert hat. Es kann sein, dass wir als Dreijährige ein Abwehrmuster entwickelt haben, das damals gut funktioniert hat – doch wir benutzen es immer noch, dreißig, vierzig oder fünfzig Jahre später. Und was noch schlimmer ist: Wir wissen nicht einmal, dass wir unser Leben mechanisch weiterleben als wären wir drei Jahre alt.

Angenommen deine Mutter hatte eine schwere Zeit, als du drei Jahre alt warst und konnte deine Lebendigkeit nicht ertragen. Sie war vielleicht krank, in Sorge oder niedergeschlagen und wollte ihre Ruhe haben. Vielleicht wurde sie wütend, wenn du ihr zu laut, zu aufgeregt oder einfach nur zu lebendig warst. Du hast daraus geschlossen, dass deine Lebendigkeit entweder gefährlich oder nicht erwünscht war. Das kann zu dem Entschluss geführt haben, deine Energie zurückzuhalten.

Du hast vielleicht entschieden, dass es besser war, still zu sein, und hast deine Lebendigkeit unterdrückt. Das war eine Kontraktion. Und es kann sein, dass du sie jetzt, Jahrzehnte später, immer noch unterdrückst. In gewisser Weise versuchst du immer noch, deine Mutter glücklich zu machen, obwohl sie gar nicht da ist. Du bist unbewusst mit dem dreijährigen Kind in dir identifiziert.

Die Übung

Dies ist eine Vertiefung der vorigen Übung. Blicke zurück auf deine frühe Kindheit und schau, ob die obige Betrachtung irgendetwas in dir zum Klingen bringt.

Manche Kinder überleben, indem sie für Mami oder Papi die Helferrolle übernehmen. Manche Kinder überleben, indem sie niedlich sind. Andere überleben, indem sie zäh, schlau oder witzig sind. Nimm ein Blatt Papier und schreibe 10 Beispiele auf, wie du als Kind überlebt hast. Schau, ob diese Strukturen immer noch dein Leben bestimmen. Ihr Erscheinungsbild kann sich etwas an deine gegenwärtigen Umstände angepasst haben, aber es sind letztlich immer noch dieselben Strukturen.

Wenn wir unsere konditionierten Muster aus der Vergangenheit ans Bewusstsein bringen, macht uns das frei für die Gegenwart. Es erlaubt uns, authentisch zu sein und wirklich für uns selbst und andere offen zu sein.

In der Kindheit gefangen

Die Betrachtung

Das Ego beruht hundertprozentig auf der Vergangenheit. Wir haben gesehen, dass wir uns mit der Vergangenheit identifizieren. Indem wir das tun, identifizieren wir uns mit dem Ego. Wenn wir ganz in der Gegenwart sind, kann uns das Ego nur schwer vereinnahmen. Deshalb gibt es in so vielen spirituellen Traditionen irgendeine Praxis, die das Sein in der Gegenwart fördert. Ob man den Rosenkranz betet, ein Mantra wiederholt oder eine Meditation praktiziert – die Übungen haben alle das Ziel, den Übenden in den gegenwärtigen Augenblick zu bringen. Wenn wir jetzt hier sind, hat unsere wahre Natur die Chance, spontan hervorzutreten.

In der vorigen Übung hast du vielleicht entdeckt, dass es Kindheitsmuster gibt, die du immer noch auslebst. Wir wissen, dass es viele Möglichkeiten gibt, wie sich unsere Muster entwickeln.

Wir wissen zum Beispiel, dass das erste Kind eher ein verantwortlicher Mensch wird und das jüngste Kind sich oft damit identifiziert, das Baby in der Familie zu sein. Manche Identifikationen können allerdings sehr subtil sein. Du hast vielleicht deinen Körper verlassen, wenn die Dinge zuhause zu schwierig wurden. Und heute wanderst du immer noch auf Wolke Sieben durch die Gegend, ohne wirklich in deinem Körper präsent zu sein. Du hast vielleicht versucht, dich vor überwältigenden Emotionen zu bewahren, indem du dich geweigert hast, zu fühlen. Und heute hast du immer noch Schwierigkeiten, deine Gefühle zu erleben und neigst dazu, nur aus dem Kopf zu leben.

Wir identifizieren uns mit diesen frühen Abwehrmustern und sagen: „Ich bin einfach nicht der körperliche Typ“ oder

„ich bin kein emotionaler Typ." Wir vergessen, dass unser Verhalten nichts als eine konditionierte Reaktion auf unsere frühe Situation war, die nichts damit zu tun hat, wer wir wirklich sind. Unsere frühen Abwehrmuster sind keine Reflektion unserer wahren Natur. Sie sind Strukturen in unserem Ego. Denk dran: Alle Sätze, die mit „Ich bin" beginnen sind Identitäten, und alle Identitäten begrenzen unsere Möglichkeiten.

Die Übung

Schau dir die Lebensumstände deiner Kindheit an und sieh, was für ein Kind du in Reaktion auf dein frühes Umfeld geworden bist. Wie hast du dich vor schwierigen Situationen geschützt? Lebst du immer noch die Abwehrmuster aus, die du als Kind eingerichtet hast? Wie äußern sich diese Muster in deinem jetzigen Leben? Sind sie immer noch stimmig?

Negative Identifikationen aus der Kindheit

Die Betrachtung

Wie unsere Eltern in unserer Kindheit mit uns umgegangen sind, wirkt sich stark darauf aus, wie wir uns selbst sehen. Es ist hilfreich, diese frühen Prägungen ins Bewusstsein zu bringen, um zu sehen, ob sie stimmig sind. Unser Verstand gleicht einem Computer: Die ursprüngliche Software muss ab und zu aktualisiert werden.

Manchmal sagen uns unsere Eltern direkt, was für ein Mensch wir sind. Der Verstand hat die eigentümliche Tendenz, negative Kommentare zu behalten und positive zu vergessen. Unsere Eltern können zehn positive und eine einzige negative Bemerkung gemacht haben – wir erinnern uns wahrscheinlich nur an die negative. Schlimmer: Wir identifizieren uns mit dem Negativen.

Dasselbe gilt auch heute noch, oder? Vielleicht, weil das Negative so verletzend ist. Es hinterlässt einen tieferen Eindruck. Oder vielleicht sind wir eher bereit, uns auf die Dinge zu konzentrieren, die wir an uns ablehnen, anstatt das Positive zu sehen.

Unsere Eltern haben uns vielleicht als selbstsüchtig bezeichnet oder gesagt, wir wären nie zufrieden. Sie fanden uns zu anspruchsvoll oder behaupteten, wir würden sie nicht achten. Vielleicht waren sie verärgert und haben uns als dumm bezeichnet. Falls sie depressiv waren, fanden sie uns vielleicht zu laut. Oder sie fühlten sich hilflos und empfanden uns als eine Bürde.

Was immer die Umstände waren – ihre Meinung hat einen Eindruck bei uns hinterlassen. Dieser Eindruck wird zu einem unbewussten Element unseres heutigen Selbstbilds.

77

Als Erwachsene können wir die Umstände verstehen, die unsere Eltern bewegten, bestimmte Dinge zu sagen. Als Kinder waren wir einfach nur von der negativen Spiegelung betroffen.

Die Übung

Beobachte im Lauf des Tages, wie du dich zeigst. Aktiviere deinen inneren Zeugen und beobachte dich selbst. Schau, ob du den Menschen, der du heute bist, objektiv betrachten kannst. Wie äußerst du dich im Leben?

Am Ende des Tages schau dir an, wie du dich in den letzten Übungen beschrieben hast. Vergleiche die Dinge, die du geschrieben hast, mit dem, was du heute beobachtet hast. Wie passt es zusammen?

Nonverbales Feedback

Die Betrachtung

Das verbale Feedback unserer Eltern kann unser Selbstbild beeinflusst haben. Sie haben uns auch nonverbales Feedback gegeben und wir können es für eine Reflektion unseres realen Wesens gehalten haben, als wir herauszufinden versuchten, wer wir sind. Auch diese Interaktion hat sich auf unser Selbstbild ausgewirkt.

Die nonverbale Kommunikation kann sehr subtil sein – ihre Auswirkung ist massiv. Wie haben deine Eltern zum Beispiel reagiert, wenn du etwas zu sagen hattest? Haben sie dir zugehört? Fühltest du dich verstanden? Wenn deine Eltern nicht offen dafür waren, was du ihnen sagen wolltest, hast du vielleicht entschieden, dass deine Beiträge keinen Wert hatten. In deinen heutigen Beziehungen erwartest du auch nicht, dass man dir zuhört oder dich ernst nimmt.

Wenn deine Eltern eines deiner Geschwister vorgezogen haben, kannst du das auch als ein Urteil über deinen Wert verstanden haben. Vielleicht haben sie die sportlichen Leistungen deiner Schwester gelobt und du hast entschieden, dass du nicht sportlich bist. Wenn deine Eltern hart arbeiten mussten, um die Familie zu ernähren, hatten sie vielleicht keine Zeit für dich, und du hast ihre mangelnde Aufmerksamkeit als Urteil über dich verstanden: Du warst ihre Aufmerksamkeit nicht wert. Diese Sicht wirkt sich heute noch auf deine Kontakte aus.

Natürlich werden wir nicht nur von unseren Eltern gespiegelt. Wir erhalten verbales und nonverbales Feedback auch von Lehrern, Freunden und anderen Verwandten. Der Eindruck, den es hinterlässt, kann sich ebenso darauf auswirken, wie wir uns sehen. Jedes Feedback, das wir erhalten haben, beeinflusst unser Selbstbild.

Die Übung

Erstelle eine Liste all der Eindrücke, die du von deinen Eltern und anderen Menschen über dich selbst erhalten hast. Nimm sowohl die direkten als auch die indirekten Eindrücke mit auf. Schau dir deine Liste an und finde heraus, welche Eigenschaften du in dein jetziges Selbstbild mit aufgenommen hast.

Dann schau – vielleicht mit Hilfe deiner Beobachtungen in der letzten Übung – welche alten Ideen noch stimmig sind. Bist du der Mensch, als den deine Eltern dich bezeichneten?

Männliche oder weibliche Selbstbilder

Die Betrachtung

Unser Geschlecht ist eindeutig ein wichtiger Aspekt unseres Selbstbilds. Wir können zwar die Idee vertreten, dass die Seele geschlechtslos ist, sehen uns aber dennoch als Männer oder Frauen.

Viele von uns sind in Familien aufgewachsen, in denen die Jungen anders behandelt wurden als die Mädchen. Das wirkte als klare Botschaft auf die Mädchen und ebenso auf die Jungen. Wie kann ein junger Mann eine echte Partnerschaft mit einer Frau leben, wenn die jungen Frauen in seiner Familie nicht gewürdigt wurden?

Deine Geschlechtszugehörigkeit kann sich auf unterschiedlichste Weise darauf auswirken, wie du dich selbst und deinen Platz in der Welt siehst. Ein Junge kann zum Beispiel ermutigt werden, an Aktivitäten teilzunehmen, die einem Mädchen verwehrt sind und umgekehrt. Gewisse Eigenschaften können in einem Mädchen gefördert werden, nicht aber in einem Jungen.

Mädchen werden oft angehalten, Mitgefühl zu entwickeln, während von Jungen Stärke erwartet wird. Doch beide Qualitäten gehören zum wahren Wesen eines jeden Menschen, ungeachtet seines Geschlechts. Wenn wir aufgrund unserer Geschlechtszugehörigkeit nicht ermutigt werden, einen Aspekt unseres wahren Wesens zu entwickeln, scheinen seine Qualitäten jenseits unseres Selbstbilds zu liegen. Wir erfahren sie nicht als Teil dessen, der wir sind und es drängt uns, sie außerhalb von uns zu suchen. Eine Frau kann die Stärke in einem Mann suchen oder der Mann das mitfühlende Verständnis in einer

Frau, wenn sie nicht ermutigt werden oder die Erlaubnis erhalten, diese Qualitäten in sich selbst zu entwickeln.

Die Übung

Schau, auf welche Weise das Verhalten deiner Eltern dir gegenüber geschlechtsspezifisch geprägt war. Welche Botschaft über dich selbst haben sie dir damit vermittelt?

Prüfe als nächstes, ob die Art und Weise, wie du das geschlechtsspezifische Verhalten deiner Eltern integriert hast, sich auf dein jetziges Selbstbild auswirkt. Wie lebst du deine Vorstellungen davon, was für eine Frau oder einen Mann passend ist? Woher kommen diese Vorstellungen? Sind sie stimmig? Schreibe deine Beobachtungen in dein Tagebuch.

Religion und Selbstbild

Die Betrachtung

Unser frühes religiöses Umfeld hat tiefe Auswirkungen auf unser Selbstbild.

Jede Religion enthält offene und verborgene Empfehlungen, wie ein Mensch sein sollte. Die meisten Traditionen bieten Modelle für richtiges und falsches Verhalten. Im besten Fall werden bestimmte Verhaltensweisen auf Ahnungslosigkeit oder Unbewusstheit zurückgeführt. Bestenfalls! Viele religiöse Traditionen der westlichen Welt glauben an das Konzept der Sünde. Es kann sein, dass deine Familie in deiner Kindheit an die Hölle oder das Fegefeuer geglaubt hat. Vielleicht wurden diese Konzepte sogar eingesetzt, um dich zur Ordnung zu rufen.

Wenn du die Überzeugungen oder Verhaltensregeln deiner Familie nicht beachtet hast, wurde dir vielleicht mit der Verdammnis gedroht. Das kann sich für deine Erwachsenenohren sehr massiv anhören. Doch im Rückblick kannst du dich vielleicht daran erinnern, wie sich das Kind gefühlt hat, als es glaubte, gesündigt zu haben. Unser Unterscheidungsvermögen als Erwachsener hat uns vielleicht von den starren Denkvorgaben unseres frühen Umfelds befreit, doch unser Unbewusstes kann bleibende Eindrücke in sich tragen, die unser Selbstbild weiterhin beeinflussen.

Wenn du in einem agnostischen oder atheistischen Umfeld aufgewachsen bist, hast du vielleicht unbewusst das Gefühl, Gott sei nicht für dich da. Du kannst unbewusst glauben, kein spirituelles Leben führen zu dürfen, ohne die Zugehörigkeit zu deiner Familie aufs Spiel zu setzen.

Die Übung

Hast du als Kind ein Abendgebet gesprochen? Worum ging es dabei? Sage es jetzt noch einmal auf. Wenn es etwas war, das du jede Nacht wiederholt hast, könnte es deine Vorstellung von dir selbst beeinflusst haben. Wie könnten sich diese Gebete auf die Entwicklung deines Selbstbildes ausgewirkt haben? Schreibe deine Notizen in dein Tagebuch.

Schau, ob deine religiöse Unterweisung – oder ihre Abwesenheit – die Art und Weise beeinflusst haben könnte, wie du dich siehst. Wie war das in deiner Kindheit? Wie ist es jetzt? Welche Auswirkungen hat dein damaliger Hintergrund auf deine gegenwärtige Beziehung zum Göttlichen?

IX.

SICH SELBST ERKENNEN

Die falsche Vorstellung, schlecht zu sein

Die Betrachtung

Eine der tiefsten und subtilsten Schichten unseres Selbstbilds besteht in dem Gedanken, schlecht zu sein. Dieser Gedanke kann als ein Gefühl der Wertlosigkeit zutage treten: Wir glauben, nichts Gutes zu verdienen oder wir denken, mit uns stimmt etwas nicht. Das ist eine fast universale Erfahrung, obwohl sie nicht jedem von uns bewusst ist. Oft wird das Gefühl von Defizit einfach durch eine unbewusste Kompensierung oder eine innere Aktivität überdeckt. Extremes Eigenlob kann die Aufgabe haben, Mangelgefühle zu verbergen.

Bei manchen von uns hat die Weise, wie ihre Eltern mit ihnen umgegangen sind, zu der Überzeugung geführt, dass sie schlecht sind. Manche sind der Überzeugung, schlecht zu sein, weil ihre Religion sie zum Sünder gestempelt hat.

Doch der Hauptgrund, warum wir glauben, mit uns sei etwas nicht in Ordnung, ist, dass wir den Kontakt zu unserer wahren Natur verloren haben. Wir alle haben unser essenzielles Selbst verlassen. Alle. Das gehört zum Prozess, ein menschliches Wesen zu werden. Wir müssen ein Gefühl für ein getrenntes „Ich" entwickeln, um uns selbst zu reflektieren – um zu erwachen.

Wir entwickeln ein Ego oder eine Persönlichkeit und identifizieren uns dann mit dieser Struktur. Das ist nicht schlecht – es ist natürlich. Dennoch gibt es uns das Gefühl, falsch zu sein. Wir kommen uns falsch vor, weil wir den Kontakt zu unserem wahren Wesen verloren und uns mit den Strukturen identifiziert haben, die in Bezug auf unser frühes Umfeld entstanden sind. Diese Strukturen sind nicht, wer wir sind. Sie sind nur etwas, das wir haben. Sie sind ein Teil von uns, aber nicht alles von uns.

Die Übung

Schau, ob es in dir das Gefühl gibt, schlecht oder irgendwie fehlerhaft zu sein. Manchmal dient dieses Gefühl als Antrieb zur spirituellen Entwicklung. Das ist ein Zeichen für die Weisheit der Seele. Es ist, als wüssten wir in der Tiefe unseres Wesens schon, dass wir nicht wirklich schlecht sind. Wir machen uns auf die Suche nach unserem wahren Wesen, weil wir wissen, dass es existiert und gefunden werden kann.

Das Ego ist von Mangel geprägt. Es besitzt keine wirkliche Substanz. Wir spüren das, obwohl wir uns mit ihm identifizieren. Wir spüren den Mangel des Egos. Wir versuchen dieses Gefühl vor uns selbst und anderen zu verbergen. Was wir in Wirklichkeit sind – unser wahres Wesen – ist unsagbar herrlich und prachtvoll.

Vorhersagbare Reaktionen

Die Betrachtung

Wir sagen, wir haben einen freien Willen. Was bedeutet das eigentlich? Was heißt es, einen freien Willen zu haben? Was bedeutet es dir?

Weil wir mit dem Ego und nicht mit unserer wahren Natur identifiziert sind, basieren unsere Handlungen, Gedanken, Einstellungen und Emotionen größtenteils auf dem Ego-Selbst. Das heißt, sie beruhen auf der Vergangenheit. Deshalb sind unsere Emotionen eher reaktiv als spontan. Unsere Reaktionen auf das Leben folgen einem Muster. Bestimmte Dinge machen uns immer wütend, andere tun uns gut. Unsere Reaktionen sind größtenteils automatisch und vorhersagbar.

Bei manchen von uns verläuft alles nach einem Muster: Was sie essen, wohin sie gehen, was für Menschen sie um sich haben, welche Kleidung sie tragen, wie sie zur Arbeit fahren und sogar was sie denken. Wir wiederholen uns selbst unbewusst und behaupten dennoch, einen freien Willen zu haben. Unsere Muster und die Art und Weise, wie wir uns aufgrund dieser Muster sehen – unser Selbstbild – beeinflussen nicht nur die Auswahl der Menschen, auf die wir uns beziehen, sondern auch, wie wir uns in unseren Beziehungen verhalten.

Wir wiederholen unsere Muster in unseren Beziehungen und in unseren Lebensumständen. Dann wundern wir uns, warum unser Leben und unsere Beziehungen sich so schal anfühlen. Das größte Hindernis zu einer lebendigen, befriedigenden Beziehung in der Gegenwart ist unsere Identifikation mit unseren Mustern aus der Vergangenheit. Trotzdem glauben wir, einen freien Willen zu besitzen und ärgern uns, wenn jemand behauptet, dem sei nicht so.

Die Übung

Brich heute und in der nächsten Woche jeden Tag mit mindestens einem Gewohnheitsmuster. Ändere deine Routine. Ziehe Kleidung an, die du normalerweise nicht tragen würdest. Verändere deine Frisur. Iss etwas anderes. Nimm einen anderen Weg zur Arbeit.

Finde einen Weg, aus deinem normalen Verhalten auszubrechen und schau, wie es dir dabei geht. Macht es dir Spaß oder ist es unangenehm? Wenn es unangenehm ist, frage dich, warum. Wer bist du, wenn sich dein Verhalten ändert? Wenn du nicht deine Muster bist, wer bist du dann?

Identifikation mit dem Körper

Die Betrachtung

Wir haben unsere Identifikationen betrachtet und uns angesehen, wie sie uns beeinflussen. Eine unserer wichtigsten Identifikationen ist diejenige mit dem Körper. Wir lernen schon sehr früh, wo unsere Nase, unsere Augen, unsere Ohren und so weiter sind. Wir beginnen zu glauben, wir seien die Summe all dieser einzelnen Körperteile. Du sprichst über „deinen" Körper, fragst dich aber fast nie, wer das „Ich" in dem Körper eigentlich ist. Wer ist das „Ich", das wir hier kennen zu lernen versuchen?

Weil wir uns für unseren Körper halten, glauben wir, sterben zu müssen, wenn der Körper stirbt. Ist der Körper krank, sagen wir, dass *wir* krank sind. Wir nehmen den Körper meistens für selbstverständlich, solange er gesund ist. Wird der Körper jedoch von einer ernsten Erkrankung bedroht, macht uns das normalerweise große Angst.

Die meisten Menschen denken, ihre Seele lebe in ihrem Körper. Sie erkennen nicht, dass genau das Gegenteil der Fall ist: Der Körper ist in der Seele. Der Körper ist eine Reflektion der Seele in physischer Form. Die Seele stirbt nicht, wenn der Körper stirbt. Wir halten unsere Seele für unsterblich und tun so, als wären wir unser Körper. Wenn wir nicht unser Körper sind – wer sind wir dann?

83

Die Übung

Denk daran, heute ein Muster zu brechen.
Ich möchte diese Grabinschrift mit euch teilen, die Benjamin Franklin im Alter von 23 Jahren für sich selbst schrieb:

Hier ruht der Körper des Buchdruckers Benjamin Franklin,

den Würmern zur Nahrung wie der Deckel eines alten Buches,

dessen Inhalt herausgerissen,

ohne Titel und Vergoldung.

Doch das Werk selbst ist nicht verloren gegangen,

sondern wird, wie er glaubte,

neu erscheinen

in neuer und feinerer Ausgabe,

durchgesehen und verbessert vom Verfasser.

Wir sind nicht unser Körper

Die Betrachtung

Als wir uns angesehen haben, für wen und für was wir uns halten, ist uns aufgefallen, dass wir uns häufig mit unserem Körper identifizieren. Das ist natürlich. Aber wir sind nicht unser Körper. Viele Menschen haben über Nahtoderlebnisse geschrieben, bei denen sie ihren Körper von außen sehen konnten. Andere haben von außerkörperlichen Erfahrungen in einer Art Traumzustand berichtet. Solche Berichte deuten darauf hin, dass wir nicht erst sterben müssen, um zu erleben, dass wir mehr sind als unsere physische Form.

Die meisten von uns bleiben so sehr mit ihrem Körper identifiziert, dass sie zum Beispiel der Alterungsprozess stark beunruhigt. Frauen glauben, ihre Weiblichkeit zu verlieren, wenn sie nicht mehr fruchtbar sind, und Männer glauben, ihre Männlichkeit ginge verloren, wenn ihre Potenz schwindet. Wir versuchen den Alterungsprozess aufzuhalten, um an unserer Vorstellung von uns selbst – unserem Selbstbild – festzuhalten.

Das Ausmaß unserer Identifikation mit unserem Körper können wir unter anderem daran ablesen, wie sehr wir uns um unsere äußerliche Erscheinung sorgen. Wir verwenden viel Zeit und Geld für unser Aussehen. Wir treiben Sport – nicht nur, weil es gesund ist, sondern weil wir gut aussehen wollen. Wir fühlen uns schlecht, wenn wir zunehmen, weil wir Angst haben, nicht mehr attraktiv zu sein. Du sagst nicht, dass dein Körper etwas zugelegt hast, du sagst: „Ich bin fett."

Die Anfangsworte „Ich bin" deuten darauf hin, dass eine Identifikation mit im Spiel ist. Wir sagen nicht, unsere Haut sei weiß oder schwarz – wir sagen, *ich* bin weiß oder schwarz. Wir sagen *ich* bin groß oder klein.

Die Übung

Schreibe die folgenden Worte oben auf ein Blatt Papier: „Ich identifiziere mich auf die folgende Weise mit meinem Körper: ..."

Vervollständige den obigen Satz mindestens 25 Mal. Eine Weise, wie ich mit meinem Körper identifiziert bin, ist zum Beispiel, dass ich meinen Bauch einziehe, wenn ich im Badeanzug an anderen Menschen vorbeigehe.

Den Körper beurteilen

Die Betrachtung

Wir haben uns die Selbstbilder angeschaut, die unsere Identifikation mit dem Körper reflektieren. Was hat das in einem Buch über Beziehungen und die Entfaltung des Herzens zu suchen? Gute Frage!

Wenn wir uns mit unserem Körper identifizieren, gesellt sich der innere Kritiker dazu und beurteilt den Körper. Aufgrund seiner Urteile entscheiden wir, was für uns im Leben und in der Liebe möglich ist und was nicht. Wenn wir mit unserer Erscheinung identifiziert sind, grenzen wir unser Herz ein. Wir erlauben ihm nicht, sich spontan für jemanden zu öffnen, der uns körperlich nicht zu entsprechen scheint. Unser innerer Kritiker nimmt das Aussehen des anderen zum Anlass, zu entscheiden, ob es stimmig für uns ist, dem anderen unser Herz zu öffnen. Denk einmal ehrlich darüber nach!

Sicher, die körperliche Anziehung spielt eine große Rolle in unseren romantischen Beziehungen. Aber fühlen wir uns nicht auch von einem Menschen angezogen, der unsere Seele berührt? Wenn wir eine Beziehung zu einem Menschen aufgrund seiner oder unserer körperlichen Erscheinung von vornherein ausschließen – kann es da nicht sein, dass wir unser Herz für jemanden verschließen, der unsere Seele berühren könnte?

Wenn wir den anderen nicht attraktiv genug für eine Beziehung finden oder selbst glauben, nicht attraktiv genug zu sein, um eine Beziehung mit dem anderen zu verdienen, könnten wir die Gelegenheit verpassen, das lebendige Wesen in dem von uns positiv oder negativ bewerteten Körper kennen zu lernen.

85

Die Übung

Nimm dir dein Tagebuch und denke zurück an Momente, wo du die Möglichkeit ausgeschlossen hast, mit jemandem zusammenzukommen, weil er dir nicht attraktiv genug oder zu attraktiv vorkam.

Wie oft hast du jemanden verurteilt, weil er dir zu alt, zu jung, zu klein, zu hell- oder dunkelhäutig, oder sonst wie körperlich ungenügend vorkam? Wie oft hast du die Möglichkeit, offenen Herzens auf einen solchen Menschen zuzugehen, von vornherein abgeschnitten?

Sei ehrlich mit dir selbst. Dein Selbstbild bestimmt auch, mit welchen Menschen du normalerweise in Beziehung trittst. Damit schränkst du dein Herz ein.

Überrasche dich selbst!

Die Betrachtung

Vielleicht warst du schon einmal überrascht über etwas, was du gesagt oder getan hast. Es hat dich überrascht, weil du aus dem Rahmen ausgestiegen bist, den du dir im Kopf gesetzt hattest. Wenn wir aus unserem Selbstbild aussteigen, kann uns das verwundern: „Hey, so bin ich sonst doch gar nicht!" Das heißt, wir haben ein Bild davon, wer wir sind.

Wir haben eine Vorstellung, wie wir uns verhalten sollten und wie nicht. Wir haben Ideen, was für uns geht und was nicht. Wir glauben zu wissen, wie wir reagieren werden. Wenn wir anders reagieren als erwartet, wundert uns das. Genauso wie es uns wundert, wenn jemand, den wir zu kennen glauben, etwas tut, das unserem Bild von ihm widerspricht, kann es auch schön sein, zu entdecken, dass wir nicht sind wer wir dachten.

Klar, es kann ein Schock sein, wenn man sich für einen netten Menschen hält und plötzlich der Hass aus einem hervorbricht. Meistens jedoch überrascht uns unsere Weisheit – oder sogar unsere Freundlichkeit oder unser Mitgefühl. Wir können entdecken, dass wir mutiger sind, als wir dachten. Oder wir handeln großzügiger, als wir uns eingeschätzt hatten. Jedes Mal, wenn wir uns damit überraschen, wer wir sonst noch alles sind, wird klar, wie begrenzt unsere Wahrnehmung war, weil wir uns in eine Schublade gesteckt hatten.

Vielleicht ist es an der Zeit, dein Selbstbild zu aktualisieren. Aber sei gewarnt! Wenn wir uns für unsere Herrlichkeit öffnen, wird das Ego sehr nervös. Der innere Kritiker, das Über-Ich, kann sehr heftig reagieren, wenn wir unsere üblichen Verhaltensweisen durchbrechen. Er wird versuchen, uns wieder in die Schublade zu stopfen und dort festzuhalten. Sei wachsam, was den inneren Kritiker betrifft!

86

Die Übung

Nimm dein Tagbuch und schreibe all die Male auf, wo du aus deinem normalen Rahmen gefallen bist. Hat dich dein Handeln erstaunt? Was waren die Begleitumstände? Wie ging es dir danach? Nimm diese Fragen mit in den Tag. Welche Vorstellung über dich selbst hast du verlassen? Was für ein Selbstbild hat sich dir enthüllt, als du merktest, dass du überrascht warst?

Eigenliebe oder Selbstliebe

Die Betrachtung

Viele von uns glauben, es sei egoistisch, sich selbst zu lieben. Wir haben vielleicht gelernt, dass es sich nicht gehört, mit seinen Erfolgen zu prahlen und lernen irgendwann, dass es im Leben darum geht, die anderen zu lieben – nicht aber sich selbst. Auf jeden Fall sollten wir darüber schweigen, wenn wir uns selbst lieben. Wir sollten demütig sein.

Über die Jahre habe ich in Deutschland die Überzeugung beobachtet, dass „Eigenlob stinkt". Es scheint kulturell verpönt zu sein, sich selbst oder seine Erfolge ins Scheinwerferlicht zu stellen. In den USA ist das ganz anders. Ebenso wie die Werte in unserer Familie beeinflussen uns die impliziten Werte unserer Kultur. Was ich meine, ist, dass die Vorstellung, sich selbst zu lieben, einem Angehörigen des deutschen Kulturkreises schwerer fallen kann als einem Angehörigen der amerikanischen Kultur. Wie ist das bei dir?

Wenn wir uns selbst nicht lieben – wie können wir da von anderen erwarten, uns zu lieben? Unsere Liebe zu uns selbst erschafft einen Raum, der den anderen aufnimmt. Er ist eine Einladung an den anderen, uns zu lieben. Solange wir uns selbst und unsere eigene Gegenwart nicht lieben, ist es schwer für andere, mit ihrer Liebe für uns in unser Energiefeld einzutreten. Auf sehr reale Weise müssen wir erst allein sein können, bevor wir mit einem anderen verweilen können. Wir müssen damit einverstanden sein, dass wir vielleicht nie eine romantische Beziehung haben werden. Wir können nicht erwarten, dass der andere daherkommt und uns rettet. Wir müssen uns selbst retten. Dann erst kann jemand daherkommen und uns lieben.

87

Vor etwa 2000 Jahren gab ein Weiser den Menschen den Auftrag, ihren Nächsten wie sich selbst zu lieben. Was wäre, wenn wir das umdrehten und sagten, wir sollen uns selbst so lieben wie unseren Nächsten? Es ist nichts falsch daran, sich selbst wertzuschätzen. Es ist nicht egoistisch, glücklich damit zu sein, wie man ist. Wenn wir uns wirklich selbst lieben, sind wir natürlicherweise demütig, weil wir erkennen, wie kostbar es ist, ein Mensch zu sein. Wir empfinden Mitgefühl mit unseren Kämpfen und den Kämpfen der anderen. Wenn wir uns selbst lieben, öffnet sich unser Herz von selbst für die anderen.

Die Übung

Liebst du dich selbst? Was heißt das für dich? Erforsche diese Fragen mit Hilfe deines Tagebuchs.

Öffne dein Herz für dich selbst

Die Betrachtung

Was gibt es an uns selbst, das wir wirklich lieben? Wir können irgendetwas mögen, das wir tun, oder wir mögen etwas, das wir sagen. Wir mögen unsere Ideen, unser Aussehen oder unseren Intellekt. Das ist gut so – hoffentlich gibt es viel, was uns an uns gefällt. Doch nichts von alledem ist, wer wir wirklich sind.

Wenn du dich für dein Tun liebst, was geschieht dann, wenn du etwas tust, das nicht deinen Maßstäben entspricht? Wenn du dich für deine Klugheit liebst, was geschieht, wenn du nicht klug bist? Wenn du dich für deine beruflichen Fähigkeiten liebst, was geschieht, wenn du in Rente gehst? Wenn du dich für dein Aussehen liebst, was geschieht, wenn du alt wirst? Wenn du dich liebst, weil andere dich lieben, was geschieht, wenn du abgewiesen wirst?

Was in uns geht über all das hinaus? Sicher, es gibt vieles, was wir entwickeln, lernen, sogar meistern können, und das gibt uns ein gutes Gefühl dafür, wer wir sind. Aber wir sind mehr als das. In jedem von uns gibt es etwas Einzigartiges, es lebt etwas in uns, das jenseits aller Erscheinungen ist.

Die Übung

Die heutige Übung kann eine Herausforderung für dich sein. Du brauchst mindestens 15 Minuten, in denen du ungestört bist.

Nimm dir mehrere Blätter Papier und schreibe auf das erste: „Ich liebe mich, weil..." Denke nicht an die obige Betrachtung. Antworte einfach so ehrlich wie möglich. Dies ist nur für dich. Es gibt keine korrekten oder spirituelleren Antworten. Es geht nur darum, deine unbewussten Gedanken über die Dinge, die du an dir liebst und die Dinge, die du nicht an dir liebst, zum Vorschein zu bringen.

Beende den ersten Satz so ehrlich wie möglich etwa 50 Mal. Beobachte die Gedanken, die dabei auftauchen.
Achte auf den inneren Kritiker, der vielleicht gerne mitreden möchte!

Liebe das Unveränderliche in dir

Die Betrachtung

Unser Ego hat zu allem seine Ideen. Wir haben Meinungen, Einstellungen und Sichtweisen, die sich immer wieder verändern können und das auch tun. Was in uns ist unveränderlich? Was in uns können wir lieben, das nicht von irgendwelchen Veränderungen abhängig ist?

Wenn du weißt, wer du bist, liebst du dich ganz von selbst. Du liebst nicht deine Persönlichkeit, dein Aussehen, deine Leistungen oder deine Intelligenz. Du liebst deine Essenz. Du liebst den Teil deiner selbst, der ein einzigartiges Geschenk an das Universum ist. Du liebst dein wahres Wesen. Dein wahres Wesen verändert sich nie.

Wir tragen eine gewisse Verantwortung, weil wir in der Welt leben. Die Welt hat ihre Bedürfnisse und Anforderungen. Das ist eine Tatsache. Wir müssen bestimmte Dinge tun – und wir sind nicht, was wir tun. Wir müssen bestimmte Fähigkeiten entwickeln – und wir sind nicht diese Fähigkeiten oder die Summe unserer Fähigkeiten.

Wir haben viele Rollen im Leben. Wir können Eltern, Söhne, Töchter, Geschäftsleute, Ehepartner oder Liebhaber sein – und wir sind auch nicht die Summe unserer Rollen. Es gibt etwas Tieferes in uns, etwas, das dauerhafter ist als unsere Talente und größer als unsere Rollen.

Wir müssen nichts Bestimmtes tun oder sein, um uns zu lieben. Wir müssen nicht attraktiv oder klug, nicht einmal weise sein, um uns selbst zu lieben. Wir können uns einfach deshalb lieben weil wir *sind.* Wir sind Teil des Gewebes des Universums. Wir können uns selbst lieben, weil wir ein Form gewordener Ausdruck des Göttlichen sind.

89

Die Übung

Nimm ein paar tiefe Atemzüge. Entspanne dich. Beantworte die folgenden Fragen:

Wenn du dich wirklich lieben würdest, was würdest du in deinem Leben verändern? Was würdest du an deinem Terminkalender ändern? Wie würdest du dich behandeln? Wie würdest du deinen Körper behandeln? Was würdest du mit deiner Zeit anfangen? Was würde sich in deinen Beziehungen verändern?

Schreibe deine Beobachtungen in dein Tagebuch.

Deine Beziehung zu dir selbst

Die Betrachtung

Wenn wir über Beziehungen sprechen, denken wir normalerweise an unsere Beziehungen zu anderen Menschen. Doch wie du vielleicht siehst, beeinflusst unsere Beziehung zu uns selbst alle anderen Beziehungen in unserem Leben. Unsere Beziehung zu uns selbst schließt unsere Beziehung zu unserem Körper mit ein. Sie schließt unsere Beziehung zu unseren Persönlichkeitsstrukturen und sogar unsere Beziehung zu unserer wahren Natur oder zu Gott, dem Göttlichen, mit ein.

Wie schon gesagt: Wenn wir die Strukturen unserer Persönlichkeit oder unseres Egos ans Bewusstsein bringen und die Auswirkungen dieser Strukturen auf unseren Körper, unsere Emotionen und unsere Gedanken voll erfahren, neigen diese dazu, sich aufzulösen. Das schafft eine innere Erfahrung von Weite. Diese Weite kann sehr verwirrend auf uns wirken. Wir fühlen uns verloren. Wir können Trauer empfinden, wenn sich unsere Selbstbilder verschieben. Es kann schwer sein, die Spannung der Durchgangsphase auszuhalten, wenn sich auflöst, für wen wir uns gehalten haben und das, was wir wirklich sind, noch nicht ganz manifestiert ist.

Es gehört zu unserer Reise des Erwachens, die Spannung auszuhalten, die entsteht, wenn das Alte geht und das Neue noch nicht da ist. Vielleicht weißt du, dass die zwei Drachen oder Fu-Hunde, die traditionell die chinesischen Tempeleingänge bewachen, für die zwei wichtigsten Hindernisse stehen, die man überwinden muss, um in den Tempel zu gelangen: Paradox und Verwirrung. Um den Frieden des eigenen Tempels aufzusuchen, muss man bereit sein, sich dem Drachen der Verwirrung zu stellen und mit Paradoxien umzugehen.

Wir sind verwirrt, wenn sich der, für den wir uns gehalten haben, im Licht des Bewusstseins auflöst. Wir müssen uns mit dem Paradox konfrontieren, dass wir zwar Muster haben, diese Muster aber nicht sind. Wir sind Menschen und wir sind Manifestationen des Göttlichen. Diese Arbeit der Selbsterforschung ist nicht einfach und spricht vielleicht nicht jeden an. Doch es ist meine Erfahrung, dass die Belohnungen – die innere Freiheit, der Frieden, die Wiederkehr der Spontaneität und die Öffnung unseres Herzes – die Mühe lohnen.

Die Übung

Schau zurück auf die Zeit, als du angefangen hast, mit diesem Buch zu arbeiten. Was hat sich in deinem Leben verändert? Wie fühlst du dich mit dir selbst, nachdem du diese Arbeit an dir selbst geleistet hast?

Hier kommen noch einige kleinere Sachen, ähnlich wie im vorherigen Buch.....

Abschließende Betrachtung

Wenn du dieses Buch durchgearbeitet hast, wird sich deine Beziehung zu Beziehungen verändert haben. Das hast du ganz alleine geschafft!

Sehr häufig nehmen wir uns nicht die Zeit, innezuhalten und uns selbst zu loben – anzuerkennen, dass unsere Seele wachsen durfte, weil wir unsere Persönlichkeitsmuster ans Bewusstsein gebracht haben. Nur Helden und Heldinnen haben den Mut, die dunklen Tiefen ihres Unbewussten zu erforschen und die schlafenden Drachen ihrer frühen Konditionierung zu wecken. Du hast es gewagt. Herzlichen Glückwunsch!

Nimm dir noch einen Moment, um genauer hinzuschauen: Wie haben sich deine Beziehungen inzwischen entwickelt? Wie haben sie sich vertieft? Was hast du über dich entdeckt, als du die Betrachtungen und Übungen dieses Buches durchgearbeitet hast? Gib dir etwas Zeit, um anzuerkennen, welche Veränderungen in deinem Bewusstsein und deinen Einstellungen durch den Erforschungsprozess deiner Beziehungen entstanden sind.

Wenn du möchtest, kannst du eine Zusammenfassung schreiben und mir schicken.

Falls du Informationen zu meinen Soulwork-Programmen in Deutschland und der Schweiz erhalten möchtest, kannst du dich gerne bei mir melden oder meine Website aufsuchen: www.Rheapowers.com.

Per E-Mail erreichst du mich unter Rheapowers@aol.com,
oder per Post unter: Soulwork
Rhea Powers
P.O. Box 4761
Greenwood Village, CO 80155-4761
USA

Diamond Approach

Der Diamond Approach ist ein spirituelller Pfad, der auf neuen Erkenntnissen und zeitloser Weisheit basiert.
Er profitiert vom neuesten, erst seit kurzem verfügbaren Wissen über Entwicklungspsychologie und Spiritualität. Damit verhilft er zu einem besseren Verständnis tiefgründiger und schwieriger spiritueller Konzepte und stellt effektivere Möglichkeiten für die Arbeit mit der spirituellen Verwirklichung zur Verfügung.

In den letzten Jahren haben immer mehr Menschen, die sich für spirituelle Arbeit und die Beziehung zwischen Psychologie und Spiritualität interessieren, den Wert des Diamond Approach erkannt. Er gilt oftmals als eine der wichtigsten Methoden der „Transpersonalen Therapie", deren Herangehensweise eher spirituell als psychologisch ist.

A. H. Almaas:
Facetten der Einheit
338 Seiten
ISBN 978-3-933496-85-0
www.ridhwan.org

Byron Brown:
Befreiung vom inneren Richter
420 Seiten
ISBN 978-3-933496-04-1

John Davis:
Liebe zur Wahrheit
224 Seiten
ISBN 978-3-9933496-65-2

Sandra Maitri:
Neun Porträts der Seele
352 Seiten
ISBN 978-3-933496-05-8
www.sandramaitri.com

J. Kamphausen www.weltinnenraum.de